KB105663

편의점에 간 멍청한 경제학자

편의점에 간 멍청한 경제학자

고석균 지음

책들의정원

넛지가 일상 속에 스며들기까지…

스웨덴 왕립과학원 노벨위원회는 2017년 노벨 경제학상 수상자로 미국의 경제학자이자 시카고 대학의 교수인 리처드 탈러Richard H. Thaler를 선정했다. 오랫동안 주류 경제학으로부터 '이단아 또는 반항아 취급'을 받아온 행동경제학'의 권위자인 리처드 탈러의 노벨 경제학상 수상은 경제학계에 큰 충격을 가져왔다. 이는 행동경제학이 주류 경제학에 침투되는 데 한 발 더 나아갈 수 있는 계기가 되었다.

행동경제학 : 이성적인 인간상의 문제점을 보완하다

경제학은 1776년에 발간된 애덤 스미스Adam Smith의 《국부론國富論, An Inquiry

into the Nature and Causes of the Wealth of Nations》에서 시작됐다는 견해가 많다. 애덤 스미스는 '보이지 않는 손'이 경제를 지배한다고 강조한다. 각 경제 주체들이 각자의 효용이나 이익을 극대화하는 경우 자연스럽게 최적화가 이루어진다는 것이다. 그러나 애덤 스미스는 1759년에 출간한 자신의 저서 《도덕감정론The Theory of Moral Sentiments》에서 사람들이 자신의 이익만을 추구하지 않으며 동정심이나 이타심, 호의 등이 존재한다고 이야기했다. 여기에서 알 수 있는 것은 행동경제학이 주류 경제학을 배척하는 것이 아니라 오히려 주류 경제학이 설명할 수 없는 합리적이지 못하거나 공정하지 않은 선택 등과 같은 문제를 설명하려고 한다는 것이다. 여기서 주류 경제학과 행동경제학이 어떤 차이를 보이는지 알아보자.

새로 출시된 라면의 가격이 1천 원이라고 가정해보자. 만약 합리성을 기반으로 하는 주류 경제학의 논리에 따르면 이 라면의 수요가 증가하면 자연스럽게 라면의 가격은 오를 것이다. 하지만 만약 인상된 가격으로 가난한 사람에게 라면을 높은 가격에 그대로 판매하는 것이 공정한 것인지에 대해 묻는다면 일반적으로 50%가 넘는 사람들이 공정하지 않다고 대답한다. 이처럼 공정성과 합리성이 양립하지 않을 수도 있다. 물론 공정성과 합리성이 양립하는 경우도 존재하지만 최근에는 경제적 인간에 근사하는 사람이나 기업 또는 정부의 선택, 즉 경제학에 의거한 선택이 항상 옳지는 않다는 것이다. 행동경제학은 바로 이렇게 주류 경제학이 닿지 않는, 이성적인 것보다 인간의 심리와 관련된 내용을 다룬다.

인간은 비합리적이다

연말정산은 해당 년도 동안 내가 냈던 근로소득세를 연말에 다시 따져보고, 실소득보다 많은 세금을 냈으면 그만큼 돌려받고 적게 냈으면 추가로 세금을 납부하는 제도이다. 이 연말정산에도 사실 행동경제학이 설명할 거리는 많다. 200만 원을 환급받는다고 가정해보자. 세금을 환급받는다는 것은 내야 할 세금보다 더 많이 냈다는 뜻이다. 정부에 무이자 대출을 해준 셈이다. 이자율이 3%이고 200만 원의 연평균 잔액이 100만 원이라고 하면 3만 원의 이자 소득을 잃은 것이다. 반대로 200만 원의 세금을 추가로 내야 하는 사람은 3만원의 이자 소득을 얻은 것과 같다. 따라서 세금 폭탄을 맞은 사람이 환급받는 사람에게 한턱 내는 것이 합리적이다. 선뜻 납득이 되지 않는다면 우리가 그만큼 비합리적인 생각에 익숙해져 있기 때문이다. 더욱 재미있는 사실은 세금을 환급받았을 때 그 돈을 공짜 돈이라고 생각하고 흥청망청 써버린다는 것이다. 실제로는 자신이 번 돈인데도 불구하고 말이다. 왜 이런 일이 벌어지는 것일까? 이는 인간이 생각보다 '비합리적'으로 행동한다는 것에 기인한다.

표준 시장주의 경제학에서 묘사하는 인간은 경제적으로 합리적인 인간, 즉 '호모 에코노미쿠스homo economicus'다. 경제인이라 번역되는 이 단어는 인간이 윤리적·종교적 동기와 같은 외적 환경에 영향을 받지 않고 순전히 이기적 동기에 따라 합리적으로 행동하는 인간을 말한다. 여기서 합리적이라는 말은 인간이 경제적 선택을 함에 있어 개인에게 주어지는 편익과 지불해야 하는 비용 등을 정확히 계산해 이에 따라 행동하는 것을 말한다. 예를 들어 어떤 제품을 구매한다고 할 때 소비자는 그 제품에 대한 모든 정보를 갖고 있는 상태에서 그 정보를 기반으로 자신이 그 제품을 구매함으로써 얻는 편익과 가격을 비교하여 전자가 후자보다 클 경우 제품을 구입한다는 것이다. 여러 대안적인 제품들 사이에 어느 한 제품을 구매해야 할 경우에는 각각의 제품이 주는 순편익(=편익-가격)을 계산한 뒤, 순편익이 가장 높은 제품을 사는 것이 합리적 경제인인 것이다. 이처럼 주류 경제학이 상정하는 인간은 자신에게 주어질 편익과 비용을 정확히 계산할 줄 아는 존재이고, 경제적 동기 이외에 윤리적·종교적·심리적인 외적 동기 등은 경제 행동에 작용하지 않는다고 가정한다.

하지만 행동경제학은 인간이 외적 동기에 관계없이 완벽한 정보를 바탕으로 개인의 순편익을 극대화한다는 사실을 여러 가지 실험적 증거를 통해 반박한다. 행동경제학에서의 인간은 무릇 주류 경제학에서 가정하는 바와 같이 완벽히 합리적이지도 않고, 자기를 완벽히 이해하지도 못하는 존재이다. 사람은 정보를 완벽하게 가지고 있지 못하며, 개인의 계산 능력에도 한계가 있기 때문이다. 즉, 인간은 전자계산기와 같은 존재가 될 수 없으며 '제한적 합리성'을 가지고 있을 뿐이라는 것이다. 우리가 합리적으로 행동하지 못하는 이유는 주류 경제학에서 이야기하는 것과 달리 인간은 심리적인 외적 동기에 의존하면서 경제 행동을 하기 때문이다.

다음의 두 가지 그림을 비교해 보자. '가'와 '나'의 원 중에서 어느 쪽이 더 크게 보이는가. 언뜻 보기에는 '가'의 원이 '나'보다도 더 크게 보인다. 이는 전형적인 착시 현상 중의 하나다. 사실 두 원의 크기는 똑같다. 다만 주변 원의 크기의 상이함 때문에 그 크기가 각각 다르게 보인다.

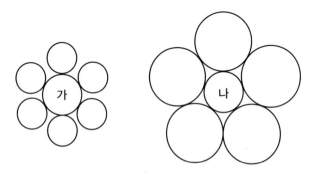

작은 원에 둘러싸인 '가'가 큰 원에 둘러싸인 '나'에 비해 크게 보이는 것이다. 이는 인간 심리의 상대성을 대변한다. '가'와 '나'를 제품이라 가정하고 원의 크기가 그 제품이 주는 순편익이라 생각했을 때, 실제 순편익이 동일함에도 불구하고 대부분의 사람이 '가'를 선택한다는 말이다. 이는 제품 구입이라는 경제 행위가 외적 환경에 의해서 심하게 영향받을 수 있음을 의미한다.

쿡쿡 찌르는 힘, 넛지

향균비누 제조회사 세이프가드에서 '세균 스탬프THE GERM STAMP'라는 캠페인을 열었다. 여러 질병에 노출된 필리핀 아이들에게 손 씻는 습관을 길러줌으로써 위생 수준을 높이는 게 목표였다. 아침마다 선생님들이 등교한 학생들의 손에 세균 모양의 스탬프를 찍어주면 아이들은 수업이 끝나기 전까지 손에 찍힌 세균 스탬프를 지워야 했다. 놀랍게도 캠페인이 시작된 지 한 달 만에 아이들의 손 씻는 횟수가 평균 71%나 늘었다.

넛지란 '팔꿈치로 쿡쿡 찌르다'라는 뜻의 영단어로, 어떠한 장치나 상황을 통해 특정한 행동을 유도하는 것을 의미한다. 남성 화장실 소변기에 그려진 파리는 넛지의 대표적인 사례다. 리처드 탈러 교수는 자신의 저서 《넛지Nudge》에서 "가장 좋은 개입은 사람들에게 어떤 선택을 금지하거나 그들의 경제적 인센티브를 크게 변화시키지 않고, 예상 가능한 방향으로 그들의 행동을 변화시키는 것"이라고 강조한다.

넛지를 정책에 활용한 사례는 생각보다 많다. 미국 미네소타주에서는 세금 납부를 독려하기 위해 '세금을 내세요'라는 강제적인 메시지 대신, 세금 고지서에 '주민의 90% 이상이 세금을 냈다'는 문구를 적어 사람들이 세금 납부에 동조하도록 했다. 이러한 전략들은 대부분 효과적이었으며, 사회적으로 큰 이슈가 되었다.

소비를 유도하는 넛지의 등장

사람의 행동을 유도하는 넛지는 제품을 판매하는 마케팅 전략을 수립하는 데 있어 중요한 위치를 차지하게 된다. 소비자에게 강요하기보다 자연스러운 선택을 유도하는 것이 제품 구매로 이어지는 경우가 많기 때문이다. 넛지를 마케팅에 적용하게 되자 노골적이었던 마케팅 메시지는 사라지고 소비자의 행동을 자연스럽게 유도하는 장치들이 생겨났고, 이를 통해 고객들이 스스로 제품을 구매하는 효과가 나타났다.

넛지가 성공한 사례는 대표적으로 '몰스킨'을 들 수 있다. 과거 몰스킨 다이어리는 디지털화로 인해 다이어리의 사용이 감소하면서 몰락의 걸을 걷고 있었다. 몰스킨은 소비자들의 행동을 변화시키기 위해 다이어리의 프레임을 바꾸기로 한다. 몰스킨의 제품을 단순한 다이어리가 아닌 '쓰여지지 않은 책'이라고 소비자들에게 소개한 것이다. 단순 메모를 하는 수첩이 아닌 자신의 아이디어와 생각을 기록해 빈 공간을 채워 나감으로써 하나의 책으로 만들어지게끔 사용 용도의 변화를 준 것이다. 다이어리의 필요성을 느끼지 못하던 소비자들은 이 작은 변화를 통해 다이어리에 대한 인식이 바뀌게 되었고, 몰스킨 다이어리는 다시 큰 사랑을 받게 되었다. 이와 같은 몇 번의 성공 사례 끝에 넛지는 우리 삶에 녹아들어 여기저기서 다양하게 찾아볼 수 있다.

넛지, 이젠 일상이다

《편의점에 간 멍청한 경제학자》는 '별거 아닌 것처럼 보이는 매장 제품의 배열에도 소비를 유도하는 어떤 장치가 있는 게 아닐까?' 하는 작은 호기심에서 시작되었다. 글을 쓰기 시작했을 때는 참 많은 비난도 받았고, 이유 모를 질책도 있었다. 하지만 잘못된 것은 고치고 모르는 것은 배우면서 계속해서 글쓰기를 이어갔고, 내 글에 자부심을 가지게 되었다. 이 책을 쓰기 위해 여러 자료를 찾아보고 때로는 직접 발로 뛰면서 우리 삶에 녹아든 넛지에 대해 조사했다. 그러면서 표면적인 것 이상으로 우리 일상 속에 수많은 넛지가 숨겨져 있음을 알 수 있었다.

이 책에서는 우리 일상 곳곳에 숨어 있는 넛지에 어떤 것들이 있는지 살펴보고, 어떤 기능을 하여 우리의 소비를 유도하는지 구체적으로 알아본다. 기업들이 넛지를 이용해 얼마나 교묘하게 소비자가 구매를 선택하게 만드는지, 우리가 넛지에 의해 어떻게 특정한 행동을 하는지를 알게 되면 세상을 바라보는 시각이 조금 더 넓어질 수 있을 것이라 믿는다.

1장

소비 심리의
허점을 찌르다

희소한 것에 더 끌린다

왜 테이크아웃 커피는 할인을 할까?

점심시간, 맛있게 점심을 먹고 배를 두드리며 다시 사무실로 가는 도중 아메리카노를 테이크아웃하면 2천 원으로 할인을 해준다는 카페의 현수막이 보인다. '커피나 한잔 할까?'하는 생각에 카페를 둘러보니 이미 몇 무리가 줄을 서서 이야기를 나누며 주문을 기다리고 있다. 현수막을 보자마자 내 머릿속에는 이미 아메리카노의 칼로리가 탄산음료 등에 비해 매우 낮다는 생각이 떠오르며, 다이어트를 하고 있는 나에게는 탄산음료 한 잔보다 커피 한 잔이 더 나을 것이라는 판단을 한다. 그리고는 나도 모르게 아메리카노를 손에 쥐고 다시 사무실로 돌아간다. 매우 만족스러운 얼굴로 커피 한 잔에 2천 원이면 매우 합리적인(?) 가격이라는 생각을 하며….

직장인에게 점심시간의 커피란 떼려야 뗄 수 없는 친구와 같아서 이제는 커피를 들고 오지 않는 모습을 보면 어색함까지 느껴질 정도가 되었다. 그런데 우리는 왜 꼭 커피를 사서 마시는 걸까? 그건 테이크아웃 커피에 구매를 유도하는 '넛지'가 있기 때문이다.

우리가 카페를 방문하는 이유는 무엇일까. 단순히 커피를 마시기 위해서일까? 다음의 통계는 우리가 카페를 방문하는 이유가 커피를 마시기 위해서만은 아니라는 것을 보여준다.

통계를 보면, 커피의 '맛'이 카페 선택에 있어 가장 높은 비율을 차지

〈커피 전문점 이용 시 주요 고려 요인〉

항목	비율
커피의 맛	65.2
가까운 곳	51.2
커피 가격	48.8
매장의 분위기	37.0
각종 할인 혜택	33.3
좌석의 안락함 또는 편안함	32.0
커피의 브랜드	29.3
다양한 커피 종류	24.8
포인트 적립 가능 여부	22.1
커피 이외의 사이드 메뉴	18.5
매장 직원의 친절함	13.9
이벤트 행사 여부	12.7
바리스타의 전문성	9.0
한정 판매 아이템 상품	5.3

자료 : 트렌드모니터, 커피 전문점 이용 및 홈카페 자료 조사, 2017

하고 있지만, 그 외에도 카페의 입지, 가격, 매장 분위기 등 다양한 옵션들이 고려되고 있음을 알 수 있다. 즉, 커피는 맛집과 달리 먼 곳까지 찾아가서 커피를 사는 경우가 적다는 것이다. 우리가 어느 카페를 갈지에 대해 커피의 본연적인 맛보다 상권, 이동 동선, 분위기 등을 고려하는 이유는 최근 사람들이 많이 사용하는 인스타그램, 페이스북 등과 같은 SNS에 올라오는 직관적인 '이미지'를 보고 영향을 받았기 때문이다. 즉 자신의 경험에 따라 실용적인 면에 기준을 두고 선택하던 과거와 달리 인스타그램, 페이스북 등 SNS가 전달해주는 감성적인 면에 기준을 둔다는 것이다.

이제는 커피가 단순한 후식이 아니라 우리의 일상과 함께하며 감성에 자극을 주는 하나의 '문화'로 자리 잡고 있다는 것이 느껴진다. 그렇지만 카페 입장에서 이러한 취향의 변화를 그대로 따라가는 것은 위험성이 높다. 직장인이나 학생은 평일 시간대에 취향을 향유하기보다는 주변의 눈치를 보거나, 빠르게 점심을 먹고 남는 자투리 시간에 회사 앞 작은 카페에서 커피를 사 가는 경우가 많기 때문이다. 실제로 동네의 예쁜 카페와 직장인들이 많은 강남역 앞의 카페는 판매하는 메뉴부터 프로모션 제도까지 아주 큰 차이가 있다. 카페 자체가 해당 상권에 기반하여 만들어졌기 때문이다. 그래서 카페를 운영하는 사람들은 고민에 빠지기 시작했다.

카페 입장에서 가장 중요한 것은 무엇일까? 한 잔이라도 더 판매해 이익을 증대하는 것이다. 다시 말해 같은 시간 대비 많은 양의 매출을 올리는 것이다. 고객에게 커피를 더 많이 마시게 하는 것이야말로 단골을 만들고, 제품과 서비스를 널리 알릴 수 있는 가장 확실하고 좋은 방법 중 하나다.

카페 점주들은 고민에 빠지기 시작했다. 매출을 늘리기 위해서 원두의 품질을 높일 것인가? 매장의 분위기를 아름답게 할 것인가? 다양한 메뉴를 추가하여 고객의 기호를 맞출 것인가? 모두 좋은 방법이다. 하지만 본질적으로 짧은 시간 내에 가장 많이 판매해야 한다는 목표를 채우기엔 부족함이 있다. 고객의 입장에서는 원두의 품질이 높아지고, 메뉴가 다양해져도 특별한 변화를 인지하지 못하기 때문이다.

일례로 우리가 우유를 살 때, 소젖의 비율이나 그 안에 들어가는 화학 성분에 크게 관심이 없는 것처럼 말이다! 고객이 직접 원두의 품질에 관심을 가지고 그것을 확인하지 않는 한 원두의 품질을 인식하는 것은 힘들며, 원두의 품질에 관심을 가지는 고객은 그리 많지 않다. 또한 아무리 다양한 메뉴가 준비되어 있다고 해도 기존에 자주 먹던 메뉴 대신 새로운 메뉴를 선택하는 모험을 하는 사람은 그다지 많지 않다. 그래서 몇몇 카페에서는 짧은 시간 내에 많은 사람을 끌어올 수 있는 '넛지'를 만들어 사람들에게 알리기 시작했고, 그것은 하나의 마케팅 전략이 되었다. 그렇게 만들어진 기업 전략은 커피를 빠르게 구매해야 하는 사람들의 니즈를 반영한 것이었으며, 매장의 입장에서도 자신의 목표를 가장 빠르게 충족할 수 있는 방법이었다. 그 방법은 무엇일까?

카페에서 점심시간대의 매출을 높이기 위해 선택한 방법은 바로 '용기'를 바꾸는 것이었다. 카페가 가지고 있는 가장 큰 문제점 중 하나는 사람들이 카페에 오는 목적이 커피를 마시기 위함이 아닌 누군가와 이야기를 하거나 휴식 시간을 가지기 위해서라는 점이었다. 즉 다른 요식업과 달리 방문의 목적이 '음식'에 있는 것이 아니라, 음식을 매개로 하여 다른 욕구를 충족하려고 하는 데에 있다는 것이다. 때문에 카페의 매출을 높이고 제품과 서비스를 알리기 위해서는 '커피를 마시고 싶지만 돈이 없거나 시간이 부족한 사람들'을 공략해야 했다. 그래서 머그잔에 소중한 커피를 주는 기존의 서비스 대신, 저렴한 가격의 상징인 종이컵과 종이 받침대, 플라스틱 홀더를 준비했다. 이것들은 머그잔과 달리 설거지를 할 필요도 없고, 쓰레기를 처리하는 것도 카페가 아닌 테이크 아웃을 하는 구매자들에게 떠넘길 수 있었다. 카페 입장에서는 일거양득의 더할 나위 없이 좋은 방법이었다.

종이컵에 나온 한 잔의 커피가 머그잔에 담긴 커피 한 잔보다 분위기가 있을까? 그렇지 않다. 하얀 종이를 코팅한 동그란 컵에 담긴 커피에서 그윽한 멋을 느끼기란 쉽지 않다. 와인을 와인 잔에 따라 마시는 것과 종이컵에 따라 마시는 것을 상상해보면 그 차이를 느낄 수 있을 것이다. 비록 분위기는 느낄 수 없지만 한 번 마시고 버리는 일회용 용기를 사용하면 사람들에게 '빠른 시간 내에 구매할 수 있다'는 인식을 줄수 있기에 직장인이나 학생에게 안성맞춤이었다. 즉 저렴한 컵을 비치하는 것이 사람들이 구매 과정에서 '빠르게 살 수 있는 것'이라고 생각하게 만드는 넛지인 것이다.

또한 카페 점주들은 '테이크아웃을 하면 할인을 해주는 제도'를 구축했다. 할인 제도 하나면 많은 돈을 들여 커피의 질과 매장의 디자인을 바꾸지 않고도 커피 구매를 유도할 수 있기 때문이다. 그들은 테이크아웃 할인 제도를 효과적으로 사용하기 위해 할인을 하는 특정한 '시간대'를 명시한다. 온종일 할인하는 것보다 상대적으로 제한 시간을 두는것이 상대적으로 사람들의 구매 행동을 촉발하는 효과가 있기 때문이다. 왜 제한 시간을 설정하면 사람들이 더 많이 몰리는 것일까?

제한 시간 혹은 제한 수량은 경제학 원리 중 하나인 '희소성의 원리'를 그대로 따르고 있다. 희소성이란, 인간의 욕망은 무한하지만 이를 충족할 시간과 돈이 없기 때문에 욕망을 해결하지 못하는 상황으로 인해제품이나 서비스의 가치가 올라가게 되고, 수요는 많은데 공급이 많지않은 경우 가치는 더더욱 올라가게 되는 상황을 의미한다.

다음 두 가지 예를 들었을 때 사람들은 어떤 생각을 할까?

A : 12:00 ~ 13:00 한정 아메리카노 1천 500원

B : 하루 종일 아메리카노 1천 500원

이 문구를 단순하게 봤을 때, 사람들은 B가 장사가 더 잘 될 것이라고 판단한다. 언제든 저렴하게 먹을 수 있어서 상대적으로 구입 장벽이 낮다고 생각하기 때문이다. 하지만 사람은 그렇게 합리적이지 않으며, 오히려 '희소성'에 입각해 판단하는 경우가 많다. 당신이 12시경에 A 문구를 봤을 경우, '지금이 아니면 할인을 받지 못하는구나'라는 생각을 가지며 줄을 서겠지만, B 문구를 봤을 경우 '이따가 오지 뭐'라는 생각을 가지게 될 것이다. 그렇게 되면 실제로 고객이 문구를 보고 구매로 전환하는 비율은 B보다 A가 높다. 똑같은 조건이지만 희소성이 있고 없고의 차이가 선택 기준을 바꿔버리는 것이다. 희소성의 원칙은 이렇게 사람들의 구매 행동을 촉발하는 역할을 함으로써 실제로 마케팅 및 유통 전략으로 요긴하게 쓰이고 있다.

지금도 이 책을 보면서 '아, 나 점심에 커피 사 마셨는데'라며 공감하는 독자들이 있을지 모르겠다. '그래도 싸게 잘 샀지'라고 생각할 수 있겠지만, 사실 커피를 싸게 구매하는 것의 반대는 비싸게 구매하는 것이

아니라, 그냥 커피를 구매하지 않는 것이다. 대신 물을 마시거나, 졸음이 오면 세수를 하면 된다. 우리는 커피를 '할인받았다'는 점에 의미를 부여하지만, 실제로 우리가 한 행동은 '소비' 행위이며, 소비 행위가 일어났다는 것 자체가 중요하다는 것을 알아야 한다. 테이크아웃 커피를 사는 건 '잘 산 것처럼 보이지만' 사실은 사지 않아도 될 재화나 서비스를 구매한 것인지도 모른다.

주위를 돌아보면 당신이 현명하게 소비했다는 것을 강조하는 문구들이 가득하다. 할인 문구가 가장 좋은 예시다. 테이크아웃 커피에도 이렇게 치밀한 넛지가 있다. 커피를 마시는 것은 괜찮지만, 그것이 습관화되어 많은 돈을 지출하게 하는 것은 좋지 않을 것이다.

요일 할인의 비밀

선택 장애에 걸리기라도 한 듯 점심시간이면 항상 무엇을 먹을지 한참을 고민한다. 제육볶음을 먹을까? 아니면 김밥? 라면? 이건 영양소가 불균형하고, 저건 살이 찔 것 같아서 무엇을 먹어야 할지 고르지 못하다가 요일별 할인 간판을 발견한다. 평소 먹어보지 못한 메뉴를 꽤 저렴한 가격에 제공하는 할인 이벤트를 하는 식당이다. 마침 먹을 것이 없어 고민했던 나는 잘됐다 싶어 요일별 할인 메뉴를 먹기로 하고 식당으로 들어간다.

　살면서 점심으로 무엇을 먹을지 정하지 못해 할인하는 매장으로 발걸음을 향하던 경험이 다들 있을 것이다. 특히 요일별 할인 품목에 이끌려 그 매장에 들어가서 애초 내가 생각하지 않은 물건을 구매해 봤을 것이다. 사람에게는 취향이라는 것이 존재한다. 개인에 따라 좋아하는 음식, 좋아하는 음료, 라이프스타일이 모두 다르다. 그런데 왜 그 순간만큼은 수많은 취향이 하나가 되는 진풍경이 펼쳐지는 것일까? 왜 모두가 취향이 아닌 '정해준 메뉴'를 먹는 것일까?

　요일별 할인과 같은 제한 시간은 경제학의 '희소성의 원리'를 그대로 따른 것이다. 똑같은 제품과 서비스라고 해도 제한 시간을 설정하게 되면 해당 제품과 서비스에 대해 시간으로 인한 희소가치가 생기는 것이다. 사람들은 제한 시간과 마주했을 때, '오늘이 아니면, 이 시간이 지나면 사지 못해'라는 생각으로 똑같은 제품과 서비스에 특별한 가치를 매기며 소비를 한다. 제한 시간이 주는 의미는 희소성뿐만이 아니다. 일정한 제품이나 서비스에 제한 시간을 부여하게 되면 사람들이 미래의 가치가 아닌 현재의 가치에 더 신경을 쓰게 만든다. 즉 제한 시간을 부여하게 되면 미래에 소비하는 것보다 현재 제한 시간 내에 소비하는 것에 대해 조금 더 높은 가치를 부여하는 것이다.

1981년, 미국 경제학자인 리처드 탈러는 '현재의 15달러, 미래의 30달러' 중 사람들이 무엇을 선택할 것인가에 대한 실험을 했다. 현재 15달러의 한 달 후, 1년 후, 10년 후의 가치로 적당하다고 생각되는 금액을 실험자에게 작성하라고 했다.

실험 결과, 1개월 후에는 현재의 금액이었던 15달러보다 대략 5달러 많은 20달러를 평균적으로 원하며, 1년 후에는 50달러, 10년 후에는 100달러 정도를 생각하고 있다는 것을 알 수 있었다. 다시 말해 10년 뒤 원금에 이자를 더하고, 이자를 더한 뒤 혹시 모를 위험 부담금까지 더하게 되어 15달러의 가치는 10년 뒤 무려 7배 가까이 늘어난 것이다. 따라서 사람들은 미래에 30달러를 받는 것보다 지금 15달러를 받는 것을 선택했다. 결과적으로 시간이 지나면 지날수록 사람들은 현재의 가치에 기반한 미래의 가치를 더욱더 높게 산정하고 있다는 사실을 알 수 있는 실험이었다.

왜 사람들은 미래보다 현재의 가치를 더 중요시할까? 그 이유는 인간이 '불확실성'을 꺼리는 경향을 가지고 있기 때문이다. 우리가 이렇게 미래의 가치를 복잡하게 계산하는 이유는 미래가 불확실하다는 인식 때문이다. 당장 내일 나에게 무슨 일이 일어날지 모르는 것처럼, 아니 당장 1시간 뒤에 내가 어떤 일을 겪고 있을지도 모르는 상황에서 내가 받았던 15달러가 어느 날 갑자기 가치가 폭락하여 미래에는 15달러가 1달러

만도 못한 상황이 일어날 수 있다고 생각한다(물론 반대 상황이 일어날 수도 있지만). 이러한 상황에서 사람들은 미래의 가치를 생각하기보단 지금 즉시 돈을 가짐으로써 나중에 잃을지도 모르는 위험을 회피하려고 한다. 즉, 우리가 성미가 급한 것이 아니라 미래가 불확실하기 때문에 현재를 선택하는 것이다.

제한 시간은 소비자에게 미래의 가치와 현재의 가치를 비교하게 함으로써, 비교적 확실한 가치를 가져다주는 지금 이 순간에 소비하게 만든다. 일례로 한 달 뒤 할인하는 제품과 지금 당장 할인하는 제품을 선택하라고 했을 때 사람들은 한 달 뒤의 제품보다 지금 당장 할인하는 제품을 구매할 것이다. 왜냐하면 지금 구매하지 않으면 한 달 뒤 그 회사가 도산하거나 혹은 할인행사를 하지 않을 위험이 존재하기 때문이다.

요일 할인 제도는 사람들이 '내일 돈을 모아서 더 사야지'라는 생각을 하지 못하게 만들고, 지금 당장 시간이 가기 전에 얼른 구매하도록 사람을 유도하는 넛지이다. 이 같은 넛지는 특히 식당이나 멤버십 포인트 할인 제도에서 가장 많이 사용된다. 요일별 할인 제도는 소비자들로 하여금 오늘이 아니면 '일주일을 기다려야 해'라는 생각을 갖게 하며, 동시에 현재 내가 물건을 구매했을 때의 가치와 불확실한 미래 가치를 비교하여 현재 소비하는 것이 더 올바른 결정이라고 생각하게끔 소비자를 유도한다. 사람들은 이러한 마케팅 메시지와 마주쳤을 때, 그것이 자신에게 당장 필요한 제품이 아님에도 불구하고 지금이 아니면 기회가 없을지도 모르는 위험을 회피하고자 소비를 선택하게 되는 것이다.

요일 할인은 당신에게 '오늘만 할인합니다'라고 말하지만 실제로는 '당신에게 주어진 기회를 놓칠 시간이 정확하게 하루도 남지 않았습니다'라고 말하는 것과 같다. 소비자가 조바심을 느끼게 만드는 것은 굉장히 높은 확률로 구매로 이어지게 하는 방법 중 하나다. 당신이 만약 길을 가다 요일별로 메뉴를 할인해 주는 현수막이나 문구를 봤다고 가정해 보자. 당신이 만약 이 음식점에서 소비를 하기로 결정했다면, 다른 메뉴를 선택하기보다는 '오늘만 할인'하는 메뉴를 선택하여 소비할 가능성이 높다. 왜냐하면 할인 메뉴의 가격이 동급의 메뉴와 비슷하게 구성되어 있거나 더 낮게 구성되어 있기 때문이다.

당신이 중국 음식점에 가서 오늘의 메뉴인 '유산슬밥'을 시킨다고 가정해보자.

  A : 유산슬밥, 8천 원 → 6천 원

  B : 짜장면, 4천 원

  C : 사천짜장밥, 8천 원

A와 B를 비교했을 때, 사람들은 A를 선택한다. A보다 B의 가격이 더

낮지만, A라는 옵션에 2천 원 할인이라는 매력적인 선택지가 포함되어 있기 때문이다. 사람들은 절대적인 가격을 따라 소비하는 것이 아니라 상대적으로 자신이 더 만족할 수 있는 방향으로 소비한다. 따라서 A와 B의 선택지가 있는 경우 대부분 A를 선택한다.

A와 C를 비교했을 때도 사람들은 역시 A를 선택한다. 유산슬밥과 사천짜장밥의 정가는 똑같지만 실제 그날 청구되는 가격은 유산슬밥이 2천 원 더 저렴하며, 상대적으로 2천 원을 아꼈다는 만족감을 느낄 수 있기 때문에 사람들은 A를 선택한다. 이렇듯 특정한 요일에 특정한 제품을 추천해주면 대부분 상대적 만족감 때문에 추천한 제품을 선택할 수 있으며, 기업은 내가 판매하고자 하는 제품이나 서비스를 더 많이 구매하도록 유도할 수 있는 것이다.

우리는 우리가 똑똑하다고 생각한다. 2천 원 할인해서 원가보다 더 물건을 싸게 판매했을 때, 쿠폰을 받아서 결제할 때 우리는 우리가 정보의 바다 속에서 정보를 잘 활용할 수 있는 사람이라고 생각한다. 하지만 이것이 어쩌면 우리가 처음 소비하려고 했던 것이 아닌 다른 품목에 소비하게 하면서도 그 소비에 만족하게 만드는 판매자의 선택 설계는 아닌지 생각해볼 필요가 있다.

당신이 똑똑한 소비라고 생각했을 때, 판매자는 당신이 똑똑한 소비를 했다는 것을 강조하며 다른 할인 제품을 들이밀 가능성도 있으며,

포인트를 지속적으로 지급하여 사람들이 해당 사이트에 재접속하게 만들 수도 있다. 똑똑한 소비를 하고 있다는 생각 자체가 누군가에게 주입받은 생각은 아닌지 다시 한번 자신을 되돌아보자.

나의 선택을 좌지우지하는 타인의 의견

지하상가의 변화에는 이유가 있다

강남역 지하상가, 수많은 사람의 발걸음은 지하철역을 향하고 있거나 버스 정류장을 향하고 있다. 그들의 집으로 돌아가는 듯한 그들의 발걸음은 가벼워 보이고, 하루를 끝마치고 돌아가는 표정은 출근길의 모습보다 왠지 모르게 밝아 보인다. 그런 그들을 맞이하는 것은 바로 지하상가 속 수많은 매장이다. 다양한 옷과 팬시 제품이 매장 앞에 진열되어 지나가는 사람들의 발목을 잡는다.

　도시에 살다 보면 한 번쯤 지하상가라는 공간을 경험하게 된다. 과거 칙칙한 느낌이 나던 지하상가가 이제는 또 하나의 문화공간으로 자리매김하고 있다. 강남역, 영등포역, 수원역, 부평역 등에 있는 지하상가 매장에 들어가면 대개 브랜드가 없는 싸면서도 실용성 있는 옷들이 잔뜩 걸려 있는 것을 볼 수 있다. 그런데 브랜드도 없는 옷을 사서 들고나오는 자신의 모습을 되돌아보면서 문득 지하상가에서 왜 물건을 구매하게 되는지 궁금해진다. 지하상가에도 혹시 우리가 몰랐던 '넛지'가 존재하지 않을까?

남자와 여자는 같은 하늘 아래 태어났지만 사실 너무나도 다른 생명체이다. 특히 쇼핑에서 남성과 여성의 차이는 극명하다. 남성보다 여성이 쇼핑이라는 행동에 소비하는 시간이 압도적으로 높으며 사용하는 금액 또한 여성이 많다. 왜 이런 차이가 발생하는 것일까? 이는 남성과 여성이 제품이나 서비스를 인식하는 구조 자체가 다르기 때문이다.

남성은 소비할 때 기능성을 중요시한다. 다시 말해, 한 번 사면 많이 사용할 수 있는 제품이나 서비스를 선호한다는 것이다. 반면 여성은 기능성을 제외한 브랜드 스토리, 브랜드와 나와의 접점, 세부적인 필요성 등을 복합적으로 고려하여 소비한다. 즉 남성과 여성이 소비할 때 중요시하는 가치가 다른 것이다. 다음의 표는 남성과 여성의 소비 관심사를 제품에 대한 관심도 여부와 제품 혁신성, 즉 한 번 구매하면 많이 쓰는지, 적게 쓰는지에 따라 나누었다. 이 표를 통해 남녀에 따라 제품 선호도가 어떻게 다른지 알아보자.

〈남성이 선호하는 제품〉

제품 혁신성 ＼ 제품 흥미	높음	낮음
높음	여행, 영화, 의류, 식품, 운동화, 지갑	가방, 건강식품, 공연, 신발, 스킨 케어 제품, 모자 및 모자, 악기, 액세서리, 오토바이, 자전거, 치아 미백, 치열 교정, 카메라, 커피, 스킨 케어 등
낮음	비디오 게임, 컴퓨터 게임, 스포츠 제품, 차, 컴퓨터 스마트폰	TV, 네일 아트 제품, 화장품, 성형외과, 속옷, 스카프, 양말 / 스타킹, 자동차 액세서리, 서적, 커피 관련 제품, 문구, 헤어 액세서리, 헤어 케어 제품

〈여성이 선호하는 제품〉

제품 혁신성 ＼ 제품 흥미	높음	낮음
높음	가방, 퍼포먼스, 신발, 스킨 케어 제품, 화장품, 액세서리, 양말 / 스타킹, 여행, 영화, 의류, 외식, 운동화, 지갑, 치아 미백, 카메라, 커피, 스킨 케어 상점, 향수, 헤어 액세서리, 헤어 케어 제품	건강식품, 모자 및 모자, 성형외과, 스카프, 시계, 치열 교정, 커피 관련 제품, 문구류
낮음	네일아트 제품, 속옷, 휴대폰	TV, 비디오 게임, 노트북 컴퓨터, 스포츠 제품, 스포츠 제품, 악기, 오토바이, 자동차, 자동차 액세서리, 자전거, 책, 데스크톱 컴퓨터, 컴퓨터 / 모바일 관련 제품, 태블릿 PC

자료 : 정인희, 〈소비자 성별에 따른 상품 유형별 관심도 차이,
내재적 혁신성과의 상관관계 및 상품 지각 구조 분석〉, 2015

제품과 서비스에 대한 인식의 차이는 소비 행동에도 차이를 만든다. 기능성을 중요하게 생각하는 남성은 흥미를 느끼는 제품군이 많지 않으며, 특정한 기준을 통해 제품의 소비를 판단하기 때문에 구매에 소요되는 시간이 짧다. 하지만 여성은 다양한 가치를 고려하여 제품이나 서비스를 소비하기 때문에 구매에 소요되는 시간이 많고 제품을 구매하다 보면 생각보다 더 많이 구매하게 되는 것이다. 여성 고객을 대상으로 마케팅을 해야 한다는 다양한 마케팅 방법은 이러한 여성의 소비 측면을 반영한 결과라고 할 수 있다.

또한 상품을 구매하는 과정에서도 차이가 난다. 쇼핑의 과정이 번잡하다면 남성은 구매 행위를 중단한다. 남성이 중요시하는 건 구매를 했다는 결과이지 구매를 하면서 얻는 과정이 아니기 때문이다. 따라서 남성용 매장에서는 최대한 간단하고 직관적으로 매장을 구성한다. 반면 여성은 '장바구니'나 '위시리스트'를 자주 활용한다. 우리가 온라인 쇼핑몰이나 화장품 가게에 가면 장바구니를 볼 수 있는데, 이는 여성이 매장 곳곳을 꼼꼼히 돌아보는 소비 패턴을 최대한 반영한 것으로 매장을 돌아보면서 장바구니에 담아두는 제품을 구매하게 만들기 위한 전략이다. 여성은 마음에 드는 물건이 있으면 바로 구매하지 않고, 마음에 드는 것을 넣어두는 것만으로 만족하거나 꼼꼼히 따진 후 구매를 한다.

과거 지하상가는 '휴대폰 개통'의 중심지였다. 의류 매장보다는 휴대폰을 개통해주는 대리점이 굉장히 많았다. 하지만 휴대폰 대리점에 오기 위해 군이 지하상가의 매장을 방문하는 이들이 많지는 않았기 때문에 자연스럽게 지하상가의 상권은 낙후되었다. 고객의 구매 패턴을 제대로 파악하지 않은 탓이었다.

지하상가의 상인회는 수많은 고민 끝에 휴대폰 매장보다는 다른 매장에 비중을 두어 상권을 활성화시키는 방향으로 입장을 선회했다. 그러나 중요한 문제점이 있었다. 바로 '무엇을 팔 것인가?'에 대한 문제였다. 간단한 먹거리를 팔자는 의견이 나왔다. 유동 인구가 많은 곳인 만큼 간단한 먹거리를 원하는 이들이 많았기 때문이다. 하지만 먹을 것은 대개 '불'을 사용하는 경우가 많았기 때문에 음식 냄새가 잘 빠지지 않고 장기적으로는 화재의 위험에 쉽게 노출될 위험도 있었다.

액세서리와 사무류를 팔자는 의견도 나왔지만 지하상가라는 이미지는 지상의 상가와 달리 채광이 거의 없고 낙후된 이미지 때문에 값비싼 액세서리를 사려는 사람도, 그곳에서 낭만적으로 결혼반지를 맞추고 금과 은을 팔려고 하는 사람들도 많지 않을 것이라는 반박이 있었다.

그 결과, 여성에게 친화적인 제품을 많이 비치해야 한다는 결론을 냈다. 남성보다 여성이 압도적으로 매장에 체류하는 시간이 많으며 필요한 것만 구매하는 경향이 있는 남성과 달리 다양한 제품과 서비스를 비교하며 최적의 소비를 구매하는 여성을 타깃으로 하면 지하상가가 활성화될 수 있다는 생각이었다. 상인회는 휴대폰 매장을 폐쇄하고 패션, 즉 신발이나 의류, 액세서리 등과 관련된 물건들을 최대한 많이 비치하고 편안함을 줄 수 있는 인테리어로 여성들이 매장에 많이 방문할 수 있도록 유도했다. 그 결과 지하상가의 상권은 과거보다 조금 더 활성화되었다. 그런데 또 다른 문제가 생겼다. 여성들을 매장에 끌어오기 위해서는 매장 내에서도 은근한 찌르기를 통해 고객들을 유지해야 했던 것이다. 그 방법으로 사용된 것이 동조 이론을 활용한 넛지이다.

동조 이론이란, 개인이 집단의 압력에 의해 태도와 행동을 변화시키는 현상을 이야기한다. 개인은 독특한 경우를 제외하고는 대개 국가, 계층, 동호회, 가족 등 다양한 집단 내에 소속되어 있다. 대개 개인은 집단 내 사람들과의 상호작용을 통해 개인의 행동을 판단하고, 집단과 개인의 행동이 맞지 않을 경우 이를 수정하는 작업도 진행한다. 동조 이론의 대표적인 실험은 솔로몬 아시Solomon Asch가 실시했던 '선분 실험'이다.

실험에서 피실험자들은 하나의 선이 그려져 있는 카드를 받은 후, 길이가 다른 선분 세 개가 그려진 또 다른 카드를 받았다. 그리고 이 세

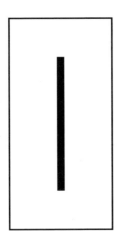
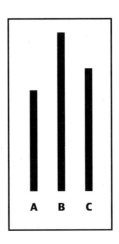

개의 선분 중 길이가 같은 선분을 고르라는 질문을 받는다. 총 일곱 명의 피실험자가 모여 있는 상황에서 사람들은 선분의 짝을 맞추게 된다. 참여자 한 명 이외에 다른 여섯 명은 사실 실험 도우미이며, 고의적으로 먼저 오답을 말한다. 그리고 마지막으로 피실험자가 정답을 이야기하는 방식의 실험이다. 실험 결과, 혼자 정답을 이야기했을 때의 정답률은 99%인데, 집단 상황에서의 정답률은 무려 36%가 감소한 63%인 것으로 확인됐다. 종이가 갑자기 바뀐 것도 아닌 상황에서 왜 이렇게 극적으로 정답률이 감소했을까? 이는 실험에서 여섯 명이 오답을 이야기한 사회적 상황과 관련이 있다.

피실험자는 오답을 이야기하는 여섯 명을 보며 '어? 이게 맞는 거 같은데… 내가 틀린 건가?' 하는 내적 갈등을 겪은 후에 옳은 정답이 아닌 여섯 명이 고른 답을 정답으로 꼽는다. 다른 이들에게 정답을 유도당하여 자기 생각과 반하는 답변을 선택하게 되는 것이다. 솔로몬 아시는 이후에도 후속 실험을 통해 혼자나 단둘이 있는 상황에서는 동조 현상이 발생하지 않지만 협력자 세 명이 있을 경우 동조 현상이 가장 강하게 발생하는 것을 확인했다. 이것이 동조 이론을 기본으로 한 '3의 법칙'이다.

3의 법칙은 세 명 이상이 똑같은 행동을 하면 다른 사람들도 그 행동을 따라하게 된다는 것이다. 예를 들어 세 명 이상이 하늘을 바라볼 때 사람들은 자신도 모르게 고개를 들어 하늘에 무엇이 있는지를 확인한다. 사람은 사회적 상황과 맥락에 영향을 받으며 살아가는 사회적 동물이기에 이러한 행동을 하게 된다. 사람이 잔뜩 몰려 있는 것을 보면 왜 몰려 있는지 궁금해하는 것도 우리가 사회적 동물이기 때문에 다른 사람에게 '동조'하고 싶어서이다.

이 같은 3의 법칙에 따라 세 명 이상을 '매장 밖'에 서 있게 하면 다른 사람들이 영향을 받아 매장에 관심을 가지게 될 것이라는 점에 착안하여 지하상가에서는 두세 명의 고객이 매장 밖에 있게 만드는 넛지 전략을 세운다.

고객이 매장 안이 아닌 밖에 서 있도록 하기 위해 의류 매장에서는 여러 옷 중에서 예쁜 옷들을 바깥에 진열한 뒤, 할인율을 표시하거나 부담스럽지 않은 가격을 제시한다. 진열된 옷과 할인에 관심을 가진 사람들은 자연스럽게 매장 앞을 서성이게 되고, 지하상가를 지나가던 사람들이 그것을 보고 매장으로 발걸음을 옮긴다. 즉, 매장 앞에 최소 세 명의 사람들을 세워 놓음으로써 사람들이 매장에 들어와 물건을 고르게 하는 넛지 전략인 것이다. 이러한 이유 때문에 지하상가에는 싼 가격이 명시되어 있는 옷들이 안이 아니라 밖에 진열되어 있다. 그러자 옷을 꼼꼼히 체크하는 여성 고객은 밖에서 옷을 본 다음 안으로 들어가서 자신에게 어울릴 만한 옷들을 찾아보게 되는 동선이 생겼다. 지하상가에서는 3의 법칙을 적용한 것이 성공적인 결과를 내자, 자신들이 원하는 '비싼 제품'을 판매하기 위해 또 다른 전략을 구성한다.

① 가장 비싸고 예쁜 옷은 가장 안에

저렴한 가격의 옷으로 고객을 이끌었지만 해당 옷만 판매하는 것보다는 다른 옷들도 같이 판매하는 것이 매장에게는 더 이익이다. 따라서 매장을 이동하는 동선에 따라 비싸고 예쁜 옷을 계산대 바로 앞이나 가장 구석 자리에 배치하여 고객들이 최대한 많은 옷을 볼 수 있도록 유도한다.

② 가격표 없음

지하상가의 옷들을 보면 사람을 끌어들이는 매장 외부에 비치해 둔 옷에만 가격표가 붙어 있고 매장 내부에 있는 옷에는 가격표가 붙어 있지 않다. 사람은 비싼 가격을 보는 것만으로도 소비에 대한 고통이 생기기 때문에 그 고통을 최소화하여 구매로 유도하기 위해 가격표를 떼거나 가격표를 보기 힘들게 만드는 경우가 많다.

이처럼 동조 전략을 활용하여 매장을 구성한 결과 더 많은 사람이 지하상가에 방문하고 제품을 구매하게 되었다.

인간은 사회적 동물이다. 사람이 사람의 행동에 이끌리는 것은 어쩔 수 없는 본능과 같은 것이다. 그렇다고 해서 사회적 동조를 한다는 것이 단순히 당신의 이성이나 생각을 버리는 것은 아니다. 누구나 다른 사람의 생각에 동조할 수 있다. 중요한 것은 소비라는 행위에 앞서 남들에게 어울리는 옷이 나에게도 어울린다는 법은 없으며, 남이 산다고 내가 사야 한다는 법 또한 없다는 것을 알아야 한다. 이끌리는 것은 좋지만, 사람들에게 끌려가선 안 된다.

줄을 서게 만드는 선착순 이벤트

당신이 만약 어떤 선착순 행사의 주인공이 되었다면, 그것은 정말 당신이 운이 좋은 사람이기 때문일까? 그렇게 생각했다면 그것은 크나큰 착각이다. 여러 업체에서 시행하는 선착순 행사가 고객에게 선착순으로 큰 혜택을 주기 위한 자선사업이 아니라는 것을 알아야 한다. 선착순 행사는 온라인·오프라인을 막론하고 펼쳐진다. 선착순 행사가 펼쳐지면 오프라인에서는 사람들이 줄을 서고, 온라인에서는 다른 이보다 먼저 행사에 참여하기 위해 쉼 없이 마우스를 클릭한다. 치킨 가게가 새로 문을 열어 '선착순 100명, 50% 할인'을 하면 혜택을 받기 위해 줄을 서 있는 사람들의 모습을 보고 자신도 모르게 줄을 서게 되곤 한다. 이것도 혹시 사람의 심리를 이용한 넛지가 아닐까?

선착순은 일종의 경주와 같다. 모든 사람을 경쟁자로 두고 달려야 하는 달리기 시합처럼 먼저 온 사람대로 어떠한 혜택을 받을 수 있는 순서가 정해지는 것이다. 집안의 내력, 재력, 사회적 상황 등의 외부적인 요인을 모두 배제하고 오로지 목표에 빠르게 도달한 사람만이 제품이나 서비스를 가져갈 수 있는 독특한 시스템이다. 목표에 빠르게 도달하는 '능력'이 다른 것보다 중요한 요소가 되는 것이 바로 선착순의 매력이라고 할 수 있다.

우리는 왜 선착순에 열광하는 것일까. 그 이유는 '외부적인 요인'이 철저히 배제된다고 생각하기 때문이다. 선착순은 '순서대로' 사람을 줄 세운다. 다시 말해 아무리 능력이 좋고, 돈이 많은 사람이라고 해도 선착순 행사에서는 외부적인 요인이 아닌 누가 더 빨리 줄을 서는지를 중점적으로 판단한다는 것이다. 외부적인 요인을 배제하고 목표에 빠르게 도착하기만 하면 된다는 사실은 사람들이 느끼는 위험부담을 감소시켜 준다. 그러나 선착순 제도를 자세히 살펴보면 어쩔 수 없이 외부적 요인이 들어가는 부분이 있음을 알게 된다. 예를 들어, 대학생들이 수강 신청을 하기 위해 고성능의 컴퓨터가 비치되어 있는 피시방으로 달려가는 것이 있다. 컴퓨터의 성능이 선착순에 있어 어느 정도 영향을 끼치기 때문이다. 물론 이러한 외부적 요인이 선착순의 결과에 전적으로 영향을 끼치지는 않지만, 선착순 제도의 신뢰성은 위협받을 수밖에 없는 것이다.

소비자의 입장에서 선착순 행사는 열리기만 하면 빠르게 줄을 서서 혜택을 받는 것이지만, 기업에서는 선착순 이벤트를 통해 제품이나 서비스에 사람들이 쉽게 접근하여 관심을 가지게 만들고 주변에 널리 알려지게 하는 것을 목적으로 삼고 있다. 즉 선착순 행사로 주는 혜택 이상의 소비를 유도할 수 있다는 것이다. 그래서 선착순의 본질은 사람들이 '줄을 서게' 만드는 것에 있다. 사람들이 줄을 서거나 무엇인가에 주목하는 모습을 보면 사람은 자기 생각과 다른 생각이더라도 그 상황에 관해 관심을 가지게 되며, 때때로 그 관심사가 자신의 성향과 맞는 경우 더 많은 사람에게 선착순 행사를 알리는 것 자체가 목적이 되기도 한다. 선착순 행사는 사회적 동조의 결과를 최대한 많이 끌어내기 위한 것이다. 선착순에서 '동조'의 효과를 강화하기 위해 기업은 '줄을 세우는 전략', '사람들이 참여할 수 있도록 유도하는 전략'을 개발하여 소비자에게 구사한다. 선착순 행사가 어떻게 진행되고, 이 속에 기업이 실제로 어떤 넛지를 숨겨났는지 알아보자.

길을 가다 보면 공짜 물건을 받기 위해 길게 줄을 서 있는 사람들을 가끔 볼 수 있다. 우리는 길게 줄을 서서 차례를 기다리는 사람들을 보면서 그 자리를 그냥 지나치거나 혹은 줄을 서 있는 사람들에게 흥미를 느끼거나 공짜 물건을 얻기 위해 줄을 선다. 기업은 사람들이 '줄을 서는 행위에 동조하게' 만들기 위해 입구를 일부러 좁게 만들어 줄을 선 사람들이 많아 보이게 한다. 줄을 세우는 것은 어떤 효과가 있는 것일까?

① 왠지 참여해 보고 싶은 마음이 들게 한다

사람들이 똑같은 행동을 할 때, 개인은 사회나 집단이 하는 행동에 대해 자연스럽게 호기심이 생기고 그 행동을 모방하게 된다. 사람들이 줄을 선 것을 보면 해당 상황에 대해 호기심을 가지게 되고 따라서 줄을 서게 된다. 그것은 의도하지 않은 고객까지 끌어들이는 계기가 된다.

② 기다리느라 투자한 시간이 아까워진다

경제학에는 '매몰 비용'이라는 용어가 있다. 매몰 비용은 이미 지출되었기 때문에 회수가 불가능한 비용을 이야기한다. 사람들은 줄을 서서 차례를 기다리며 시간을 소비한다. 그리고 시간이 지날수록 자신의 차례가 오는 것을 보며 시간이 오래 걸리더라도 조금 더 기다리는 것이 차례를 포기하는 것보다 다 낫다고 판단하여 떠나지 않게 된다. 또한 기다린 시간으로 인해 내가 받아야 하는 물건의 가치는 기다린 시간+실제 가격+소유 효과자신이 소유했을 때 그 물건의 가치를 더 높게 평가하는 것가 더해져 더더욱 포기할 수 없어진다.

이렇듯 줄을 세우는 전략은 선착순 전략의 가치인 희소성을 강조하여 사람들이 행사에 몰입하고 참여하게 만드는 하나의 수단이기 때문에 선착순 행사에서는 일부러 수량을 제한함과 동시에 들어갈 수 있는 입구를 좁게 만들어 놓는다. 이는 비단 선착순 행사뿐만 아니라 놀이기구, 서점의 계산대 등에도 적용된다.

온라인에도 사회적 동조를 이용한 넛지는 수없이 많다. 여기서 변수는 온라인 환경에서는 오프라인과 달리 줄을 서거나 모여 있는 사람을 보는 것이 아니라 내가 혼자서 컴퓨터나 스마트폰 앞에 앉아 있는 것이기 때문에 사람들을 보며 사회적 동조를 느끼기 어렵다는 것이다. 그렇기 때문에 온라인에서는 다른 방식의 전략을 구사한다. 그것은 바로 '남아 있는 수량'을 명시하는 것이다.

남은 수량을 명시하는 이유는 소비자에게 '조바심'을 느끼게 하기 위해서다. 1만 개 중 100개가 남았다고 하면 무료로 무엇인가를 받을 수 있는 건 100명뿐이고, 조금만 늦으면 무료 기회를 눈앞에서 놓치는 아쉬움을 맛볼지도 모른다는 생각에 소비자들은 더욱 선착순에 물불을 가리지 않게 된다. 또한, 많은 사람이 참여한 것을 보며 '다른 사람들도 했는데 나도 해야지'라는 생각을 하게 만들 수도 있다. 다시 말해 '이벤트에 이미 참여한 사람'들을 보며 신뢰감을 가지게 되고 이벤트에 참여하는 '사회적 동조'가 발현된 것이다. 단순히 몇 명밖에 남지 않았다는 말은 우리에게 많은 상상을 하게 만들며, 사람들이 이벤트에 바로 참여하도록 부추긴다.

선착순 행사는 일반적으로 고객이 잘 오지 않는 시간대에 진행된다. 그 이유는 기업의 입장에서는 고객이 잘 오지 않는 시간대를 방치해서는 안 되며, 계속해서 소비하게끔 유도해야 하기 때문이다. 그래서 사람이 많은 시간대가 아니라 사람이 적게 방문하는 시간대에 진행된다. 만약 선착순 행사가 진행된다면 대부분의 사람은 물건의 질과 가용 시간을 점검하는 것보다, 무료와 선착순이라는 두 단어에 현혹되어 굳이 들어오지 않아도 될 시간대에 오프라인 매장이나 온라인 사이트를 방문하는 행위를 하게 된다. 기업은 제품이 잘 판매되지 않는 시간에도 소비자의 지갑을 열어야 하는데 소비자는 가격만 싸다면 똑같은 제품이나 서비스를 언제 사든 신경 쓰지 않는 경향이 강하다. 선착순 행사에 일정한 시간을 설정해 두는 것은 그 같은 점을 이용한 전략이라고 할 수 있다.

앞선 사례에서 선착순 행사를 강조했다면, 이번 사례는 선착순이라는 단어를 생략하여 외부 요인이 주는 문제점을 삭제하고 기업이 진행하는 행사를 자연스럽게 홍보할 수 있는 전략을 소개한다. 대표적인 것은 선착순이라는 말을 삭제하고 판매 시작 시각만을 명시하는 방법으로 흔히 '티켓팅'이라고 부르는 것이다. 티켓팅은 대개 가수의 콘서트,

항공권 등 특정한 제품이나 서비스를 저렴한 가격에 팔거나 희소성이 높은 제품의 판매 시에 적용할 수 있는 선착순 전략 중 하나다. 대학생이 학기마다 하는 수강 신청도 티켓팅 전략에 포함된다.

티켓팅에서 판매 시작 시각만을 명시하는 이유는 분명하다. 굳이 제품이나 서비스를 홍보하지 않아도 될 만한 가치가 있는 제품이거나, 혹은 외부 요인으로 인해 공정성이 저해되는 상황을 방지하여 고객들이 구매할 희소성 높은 제품의 가치를 유지하기 위함이다. 티켓팅 일정이 공개되면 우리가 하는 행동은 크게 두 가지다. 티켓팅을 준비하기 위해 자금을 준비하고 티켓팅을 할 수 있는 팁을 온라인이나 오프라인 내에서 공유하는 것이다. 우리가 티켓팅에 성공하기 위해 글을 올리고 생각을 공유하는 것은 자연스럽게 제품이나 서비스를 홍보하면서 판매가 순조롭게 되고 있음을 시사하는 것과 같다.

티켓팅이 끝나면 티켓팅을 시도했던 사람들은 두 부류로 나뉜다. 하나는 티켓팅을 성공한 사람들의 집합, 또 하나는 티켓팅을 실패한 사람들의 집합이다. 그들은 티켓팅의 후기를 남기며 환희를 하거나 탄식하며 자연스럽게 제품에 대해 이야기를 하기도 한다. 티켓팅에 성공했든 실패했든, 중요한 것은 기업에게 있어 소비자들이 행사에 대한 후기를 남기는 것 또한 좋은 마케팅 자산이 될 수 있으며 제품을 홍보하는 하나의 수단이 될 수 있다는 것이다. 기업으로서는 티켓팅 시작 시각만을 명시하는 것만으로 사람들이 입소문을 퍼뜨리는 긍정적 효과를 가져 왔다.

선착순 전략이 우리에게 주는 시사점은 분명하다. 결국 선착순은 고객에게 혜택을 준다는 명목을 이용해 실제로는 고객이 기업을 긍정적으로 생각하게 하고, 입소문을 유발하는 등 브랜드 홍보의 수단으로 사용하는 넛지 전략인 것이다. 기업은 우리에게 브랜드를 홍보해 달라고 간곡히 요청하지 않았다. 단지 그들은 당신이 능력만 있다면 당신도 언제든지 주인공이 될 수 있다는 메시지를 퍼뜨리는 것으로 소비자들 스스로 브랜드를 자연스럽게 알리게 한 것이다. 우리는 우리도 모르는 사이에 브랜드 홍보대사가 되어버렸다.

3

'작은 숫자'보다 '큰 숫자'에 주목한다

점심 특선 메뉴는 왜 쌀까?

직장인의 점심시간은 말 그대로 점심點心, 마음에 잠시 쉼표를 찍는 시간
이다. 오후 12시만 되면 수많은 직장인이 밖으로 쏟아져 나와 하이에나
처럼 식당을 찾으러 다닌다. 식당마다 북적이는 사람들의 모습과 주머
니에 손을 넣고 점심을 먹을 장소를 찾아다니는 사람들의 모습이 보인
다. 그 사이에서 김치찌개를 파는 고깃집을 발견한다. 가격도 겨우 6천
원으로 비싸진 물가를 생각하면 저렴하다. 고깃집이니까 찌개에 고기도
많이 넣어 줄 것 같다는 생각이 든다.

　고깃집 앞, 점심 특선 메뉴로 김치찌개를 판매하고 있다는 간판은 왠
지 모르게 신뢰감을 주며, 가격도 저렴하여 맛있을 것 같은 느낌이다.

그렇다면 왜 식당에서는 점심 특선 메뉴를 판매하는 것일까? 왜 우리는 점심 특선 메뉴에 홀리는 것일까?

직장인들은 보통 점심에 고기를 구워 먹지 않는다. 그 이유는 무엇일까? 다름 아니라 고기를 구우면 나는 '냄새'가 옷에 배게 되기 때문이다. 직장인들은 보통 가장 단정한 복장으로 출근을 한다. 점심시간에 고기를 구워 먹고 오후 일과 시간 동안 고기 냄새를 풍기며 일하는 것을 선호할 직장인은 많지 않을 것이다. 오후에 음식 냄새를 몸에 달고 일을 한다는 것은 주변 사람들은 물론 나 스스로도 신경이 쓰일 수 있는 부분이다. 그렇기 때문에 사람들은 대체로 냄새나는 음식을 점심으로 먹는 것을 피한다.

또한, 고기 혹은 고기가 아니더라도 몇만 원이나 하는 음식을 먹는 것은 점심값으로는 꽤 부담스러울 수 있다. 일반적으로 직장인들은 몇만 원짜리 음식을 매일 먹지 않는다. 당연히 경제적 상황에 따라 다른 곳에 돈을 써야 할 가능성이 더 높으며, 특히 돈을 아끼겠다고 다짐한 사람에게 있어 이러한 점심 메뉴는 실현 가능성이 높지 않다.

마지막 이유는 식사 시간이 너무 오래 걸릴 수 있다는 것이다. 직장인들에게 주어진 점심시간은 1시간 정도다. 만약 당신이 동료들과 고기를 구워 먹는다면, 식당을 예약해 놓지 않은 이상 식사에 소요되는 시간이 한 시간을 초과할 가능성이 높다. 이러한 상황에서 굳이 고기를 먹겠다는 무모함을 선보이는 사람은 많지 않을 것이다. 고깃집이나 일식 집 등 기본 가격이 높게 형성되어 있거나 저녁에만 성업하는 식당의 고민은 높은 기본 가격과 식사에 요구되는 시간이 길다는 점 때문에 점심에는 식당의 문을 열어도 장사가 되지 않는다는 것이다. 식당에서는 점심에도 문을 열어 직장인을 끌어들여 더 많은 수익을 창출하고자 하는 마음이 있었기에 다른 방향으로 고민하기 시작했고 이내 방법을 찾았다. 바로 '점심에만 파는 음식'을 내놓는 것이었다.

식당의 주메뉴가 아니라 점심시간에 사람들이 금방 먹고 갈 수 있는 메뉴를 판매한다면 분명 더 많은 사람이 찾아올 수 있으며, 저녁에만 문을 여는 것보다 더 많은 수익을 올릴 수 있을 것이다. 하지만 그렇다고 해서 무턱대고 간판에 점심 특선을 제공한다고 말할 수는 없었다. 기존에 점심을 제공하던 다른 경쟁 식당이 존재했기 때문이다. 다른 경쟁자가 생기는 상황을 다른 식당이 반길 리가 없었다. 그래서 그들은 한 사람이라도 더 많이 식당에 방문할 수 있게 하기 위해서 세 가지 넛지를 만들었다.

식당에 가면 차림표와 메뉴판의 어느 위치에 점심 특선 메뉴가 적혀 있는지 잘 보도록 하자. 점심 특선 메뉴는 99%가 차림표의 맨 오른쪽에 있거나, 메뉴판의 맨 아래에 있는 경우가 많다. 그 이유는 바로 당신이 메뉴를 바라보는 시각에 따라 차림표를 구성했기 때문이다.

고객 경험user experience 연구에 따르면, 사람들은 보통 왼쪽에서 오른쪽, 위에서 아래로 시선을 옮기는 경향이 있다고 한다. 다시 말해 오른쪽을 왼쪽보다 더 나중에 보고, 아래쪽을 위쪽보다 더 나중에 본다는 것이다. 점심 특선 메뉴가 맨 오른쪽 하단에 있다면, 점심 메뉴를 사람들이 가장 맨 마지막에 본다는 것이다. 이러한 배치의 가장 큰 이유는 점심 메뉴의 '상대적 저렴함'을 강조하기 위해서다. 다음 예시를 통해 상대적 저렴함이 어떻게 인식되는지 알아보자.

A : 4천 원 / 4천 원 / 4천 원

B : 1만 원 / 1만 원 / 5천 원

두 식당의 차림표에 쓰여 있는 메뉴의 가격이다. 이 상황에서 사람들은 절대적인 가격이 B가 더 높음에도 불구하고 A의 4천 원보다 B의 5천 원이 상대적으로 저렴하다고 생각한다. B에서 제시한 1만 원이라는 숫자가 5천 원보다 더 큰 숫자이기 때문에 상대적으로 5천 원이 저렴해 보이는 것이다. 실제로는 A가 더 낮은 가격에 형성되어 있음에도 불구하고 말이다.

점심 특선 메뉴를 제공하고 있는 식당들은 대부분 B의 경우를 따른다. 즉 점심 특선 메뉴 앞에 비싼 메뉴를 비치하고 사람의 시선이 가장 마지막에 머무는 곳에 점심 특선 메뉴를 집어넣는 것이다. 대개 고깃집이나 일식집처럼 기본 가격이 높은 식당에서 점심 특선 메뉴의 가격을 상대적으로 저렴하게 보이도록 하여 사람들이 가격을 비싸다고 생각하지 않게 하고 구매 과정에서 만족감이 높아지도록 설정한 넛지 전략이다.

실제로 원할머니보쌈이라는 보쌈 브랜드의 기존 보쌈 가격은 대략 3만 원에서 5만 원 사이이다. 다시 말해 한 끼 식사로 하기에 꽤 부담스러운 가격이다. 하지만 점심 특선 세트 메뉴는 5만 원의 약 17% 정도인 6천 500원이다. 물론 6천 500원이 아닌 4천 원에서 5천 원짜리 메뉴와 이 메뉴를 비교한다면 우리는 이 정식을 선택하는 데 고민할 수 있겠지만, 기존 보쌈의 가격과 이 점심 메뉴의 가격을 비교했을 때에는 역시 이 점심 메뉴를 소비하는 것이 더 합리적으로 보인다. 5만 원이나 하는 보쌈을 비록 간소하게나마 저렴한 가격에 즐길 수 있기 때문이다. 결국 점심 메뉴는 사람들이 기존의 음식 가격과 특선 음식 가격을 비교하여 소비를 유도하는 넛지 전략이다.

또한 식당은 점심 메뉴와 더불어 영수증을 챙기면 식당과 제휴를 맺은 카페에서 커피를 할인해준다는 또 다른 인센티브를 부여하기도 한다. 그들이 카페와 제휴를 맺은 이유는 무엇일까? 사람들이 이 문구를 봤을 때 커피를 기억시키고, 커피를 구매에 대한 이유를 합리화시키기 위해서다. 게다가 할인이라는 인센티브를 제공함으로써 고객에게 좋은 인상을 주어 추후 고객이 재방문하도록 유도할 수도 있다.

점심을 먹기 전에는 커피를 마셔야 한다는 계획이 머릿속에 없었을 지라도 당신이 계산할 때 이 문구를 본다면, '어? 커피를 할인해주네. 모처럼 할인받는 거니까 한잔 하자'라는 생각이 떠오를 수 있다. 처음에는 커피를 지출의 대상으로 생각해 두지 않았음에도 불구하고 인센티브를 제공한다는 광고 문구를 보고 우리는 커피의 이미지와 느낌을 떠올리게 되며, 이윽고 굳이 구매하지 않아도 될 커피를 소비해야 한다고 자신을 합리화시킨다. 물론 영수증을 버리고 커피를 사 먹지 않는 선택지도 존재한다. 하지만 할인이라는 매력적인 문구를 그냥 지나치는 소비자는 그다지 많지 않다. 고객은 이렇게 '점심에서 아낀 몇천 원의 돈'을 커피를 구매하는 데 소비한다. 커피를 구매하지 않으면 몇천 원을 아낄 수 있는데도 말이다.

점심 특선 메뉴야말로 상대성이라는 마법을 정확하게 잘 이용하고 있는 한 예이다. 사람은 자신이 합리적이라고 생각하지만, 기업이나 다른 사람들이 자신에게 상대성이라는 마법을 부렸을 때 홀린다는 사실조차 인지하지 못하고 홀린다. 우리는 절대 합리적으로 사고하지 않는다. 늘 그렇듯 합리적으로 생각하려고 노력하지만 비합리적으로 사고한다. 하지만 이처럼 상대성이 가지고 있는 놀라운 힘을 뇌리에 새겨 둔다면 조금 더 똑똑한 소비를 할 수 있을 것이다.

때로는 객관적 수치보다 주관적 견해를…

후기를 적어주세요

지난 밤, 우연히 들어간 온라인 커뮤니티에서 어떤 제품에 대한 후기를 남기면 그중에서 우수한 후기를 선정하여 30만 원 상당의 상금을 지급한다는 글을 보았다. 제법 큰 액수에 놀라 사이트를 접속해 보니 1천 명이 넘는 사람들이 자발적으로 후기 공모전에 참가했음을 알 수 있었다. 그리고 또 다른 사이트에서는 후기를 남기면 추첨을 통해 할인권을 증정한다는 글을 보았다. '후기 남기는 게 뭐 대수겠어?'라는 생각에 3분 정도의 시간을 투자하여 후기를 남긴다. 공짜로 받은 할인권에 기분이 좋아져 평소 아껴 두었던 책을 구매한다.

찾아보면 후기 이벤트를 진행하고 있는 곳이 매우 많다는 것을 알 수 있다. 후기를 남기면 선물을 주고, 심지어는 우수한 후기를 선정하여 상금까지 지급한다. 대체 왜 기업은 상당한 금액의 상금을 걸면서까지 후기 공모전을 여는 것일까? 그리고 사람들은 왜 후기를 쓰는 것에 기꺼이 참여하는 것일까? 기업이 후기 공모전을 열어 상금을 주는 것이 돈을 낭비하는 행위일까? 그렇지 않다. 기업은 사람들이 후기를 쓰게 만듦으로써 많은 사람이 후기를 보고 제품을 구매하게 하고 구매한 제품의 후기를 자발적으로 쓰도록 유도한다. 그렇다면, 우리의 입장이 아닌 기업의 입장에서 생각해 보자. 후기를 사람들이 자발적으로 쓰게 만들기 위해 기업은 어떤 넛지를 구사할까?

후기란 제품이나 서비스를 사용한 후 남기는 고객의 평가이다. 후기는 제품을 사용한 고객이 사용 과정 및 그 과정에서 느꼈던 만족감이나 불편했던 점 등을 생생하게 전달한다. 예를 들어 특정한 음식을 먹었을 때, 음식의 맛과 식당의 서비스 등을 매우 자세하게 담는 것이 후기다. 후기는 보통 해당 제품이나 서비스를 경험하지 못한 사람들에게 좋은 참고지표가 되며, 매우 높은 확률로 사람들이 구매를 결정하는 계기가 되곤 한다. 예를 들어 2016년 화장품 업체인 미팩토리에서 출시한 '돼지코팩'은 해당 제품을 사용한 고객들의 후기를 광고 콘텐츠로 구성하여 사람들에게 입소문이 널리 퍼졌다. 이것이 돼지코팩이 널리 알려지게 된 계기였다.

단순히 연예인이 제품의 좋은 점을 강조해서 소개하는 현실성이 떨어지는 화장품 광고와 달리, 직접 제품을 사용한 고객들이 후기를 남긴 것을 본 사람들은 동질감을 느끼면서 제품에 호기심을 느끼게 된다. 결국 경험하지 못한 사실에 대해 누군가 남긴 생생한 후기는 사람들의 소비 기준이 될 수 있다는 것이다.

그렇다면 우리는 왜 객관적인 수치보다 몇 명의 주관적인 후기를 더 신뢰하는 것일까? 이는 후기가 객관적인 수치보다 '자세하며 인과 관계를 중시'하기 때문이다. 다시 말해, 주관적 의견이 '제품에 대해 더 자세하게 묘사되어 있고 상황과 인과관계가 맞아떨어진다'는 것이다. 이러한 점 때문에 더 많은 사람을 표집 대상으로 한 '데이터'보다 '후기'를 더 신뢰하는 것이다.

믿기지 않는가? 다음 상황에 대해 직관적으로 대답해보자.

A 지역에 사는 B 씨가 피자를 주문하려고 한다.

당신은 B 씨가 주문하는 피자가 무엇인지 맞혀야 한다.

· A 지역에서 판매되는 피자 중 콤비네이션 피자가 90%, 불고기 피자가 10%의 점유율을 차지한다.

· 당신은 B 씨가 불고기 피자를 좋아한다는 것을 알고 있다. 당신이 예

상한 결론이 맞을 확률은 70%이며, 당신이 예상한 결론이 틀릴 확률은 30%이다.

그렇다면 B 씨가 불고기 피자를 주문할 확률은 무엇인가? 당신이 만약 70%라고 대답할 경우, 당신은 앞서 첫 번째 조건에서 명시한 통계를 무시하고 B 씨가 '불고기 피자를 좋아한다는' 인과관계를 더 중요시한 것이 된다. 사실 이 문제에는 정답이 존재하지 않는다. 하지만 적어도 당신이 B 씨가 피자를 주문할 확률을 계산하는 데에는 전체 통계보다 인과관계를 더 중요시했음을 알 수 있다. 사람들은 전체 통계와 관련된 부분보다 인과관계와 관련된 후기에 대해 더 높은 가치를 부여한다.

큰 비용을 들여 마케팅 메시지를 전달하는 광고보다 고객이 스스로 채널이 되어 제품을 홍보하는 것이 더 놀라운 효과를 낼 수 있다는 것을 알게 된 기업들은 긍정적인 후기든 부정적인 후기든 상관없이 더 많이 받기 위해 고객들에게 다양한 넛지를 제시한다.

후기는 일반적으로 150자에서 500자 내의 글자 제한이 있기 때문에, 후기를 작성하는 데 약 2분에서 5분 정도의 시간이 소요된다. 24시간 중에서 2분이라고 하면 그렇게 길지 않은 시간인 것 같지만 사람들은 후기를 쓰는 행위에 시간을 투자하는 것이 아깝다고 판단하여 평가에 적극적으로 참여하지 않는다. 왜냐하면 사람들이 제품의 좋고 나쁨

을 제외하고는 후기에 자세한 내용을 쓸 필요성을 느끼지 못했기 때문
이다.

사람들은 무언가 좋은 것이 있을 때 자신에게 피해가 오는 것이 아니
라면 '나눠야' 한다고 생각한다. 우리가 좋은 제품을 사용하거나 정말
좋은 서비스를 이용한 뒤 '여러분도 한 번 가 보세요'라며 추천하는 이
유가 바로 이 때문이다. 반대로 정말 최악의 서비스를 경험한 경우에는
'다른 분들은 이 서비스를 이용하지 마세요'라고 내용을 공유하게 되지
만, 그냥 무난하게 제품을 사용한 경우엔 후기를 쓸 필요성을 느끼지
못한다. 대다수의 고객이 후기를 쓰지 않는 이유는 후기를 쓰는 행동에
가치를 느끼지 못하기 때문이다. 기업은 이러한 부분을 끌어올리기 위
해, 다양한 넛지를 기획하고 고객에게 제시한다. 기업이 제시하는 넛지
에는 어떤 것이 있는지 알아보자.

첫째, 후기를 쓰는 고객에게 보상을 제시한다. 사람들이 후기를 많
이 쓰도록 유도하기 위해서 기업은 후기를 쓰는 고객에게 '다른 곳에서
도 사용할 수 있는 보상'을 제시했다. 그로 인해 고객은 후기를 쓰는 행
위를 합리적인 소비를 하기 위한 수단으로 인식하게 되고, 다른 제품을
구매할 때도 보상을 준 사이트를 이용하게 된다. 후기 작성 시 10% 할
인 쿠폰을 준다는 글을 봤을 때 사람들은 어떻게 반응할까?

A : 후기를 쓰지 않고 지나친다.

B : 3분 동안 후기를 쓰고 10% 할인 쿠폰을 받는다.

　당신이 후기를 작성하면 10% 할인 쿠폰을 받을 수 있는 이벤트에 참여할 수 있는 상황이라고 가정하자. 당신은 3분을 투자해서 나중에 더 많은 금액을 아낄 수 있다고 생각하게 되고, 후기 작성을 '투자 행위'라고 생각하게 되어 어떻게든 후기를 써서 10% 쿠폰을 받아 갈 것이다. 또한 10% 쿠폰을 받게 되면 다른 제품을 구매할 때도 다른 곳에서보다 저렴한 가격에 구매할 수 있기에 쿠폰을 준 사이트에 재방문할 가능성 또한 높아진다. 후기를 통해 보상을 제시함으로써 기업은 후기와 함께 재구매를 위해 방문하는 단골을 얻을 수 있다.

　둘째, 후기에 희소성을 부여한다. 후기라는 수단에 대해 보상을 제시한 것은 좋았지만, 보상 제도의 문제점은 분명하게 나타났다. 보상만을 목적으로 후기를 대충 남기는 체리피커의 등장으로 실질적으로 도움이 안 되는 후기가 쌓이고 있었고, 후기를 쓰는 과정을 간소화하기 위해 별표 제도를 운영했지만 이 또한 실질적으로 제품의 이미지를 수립하는 데에는 별 도움이 되지 않았다. 따라서 자신들이 원하는 '정성스러운 후기'를 위해 후기 작성에 대한 보상 방식을 '경쟁' 형식으로 바꿔 이전과 달리 뛰어난 후기를 작성하는 소수에게만 높은 인센티브를 제공하는 전략을 취했다. 200원에서 1천 원밖에 하지 않는 할인(그마저도 사용 기간이 있다) 대신 인센티브의 본질을 상금으로 교체한 것이다. 즉, 우수한 후기를 쓰는 고객들을 선정하여 준비한 상금과 상품을 보내 주겠다는 일종의 약속을 하는 것이다. 그리고 누구나 상금의 주인공이 될 수 있다고 홍보하여 진입 장벽을 대폭 낮췄다.

사람들은 모두에게 주는 인센티브보다 몇 사람에게 희소하게 제공하는 인센티브를 더 선호한다. 실제로 익명 애플리케이션에서 1천만 원을 1명에게 주는 공모전과 1만 원을 참여자 전원에게 주는 공모전이 있다면 어느 공모전에 참여할 것인지 250명에게 물어보았다. 그 결과 전자를 선택한 사람이 무려 231명에 달했다. 1천만 원이라는 희소성이 행동의 기제가 된 것이다. 당신이 인센티브를 얻을 확률은 극히 낮아지는데도 불구하고 말이다. 우리는 희소성이 낮은 물건과 서비스보다 희소성이 높은 것에 더 큰 가치를 부여한다. 후기 공모전에 참여하는 사람들도 어쩌면 희소성 있는 인센티브를 얻기 위한 하나의 과정이라고 인식한 것이 아닐까.

후기를 쓰지 않던 사람도 자신이 상품과 상금의 주인공이 될지도 모른다는 생각에 공모전의 일원이 되어 심혈을 기울여 후기를 작성하게 되었고, 기업은 더 양질의 후기를 받아낼 수 있었다. 후기를 인센티브의 수단으로 풀어낸 것도 놀라울뿐더러, 인센티브의 효과를 극대화했다는 점은 참으로 놀라운 일이 아닐 수 없다.

우리는 데이트 코스를 기획하거나 맛집을 찾을 때 불특정 다수가 남긴 후기나 별점 등에 의존한다. 그 식당의 매출액과는 관계없이 사람들이 추천한 곳을 더 선호한다. 결국 우리의 판단 기준은 인과 관계가 확실한 후기이지, 정량적인 데이터가 아니다. 기업은 이 점을 적극적으로 활용하여 더 많은 후기를 만들기 위해 다양한 인센티브를 제시하고, 때로는 그 인센티브가 희소성을 가질 수 있다는 것을 우리는 이제 알게 되었다. 우리가 판단 기준으로 삼는 것들이 때로는 놀랍고도 치밀하게 세워진 넛지에 의해 남겨진 것임을 잊지 않길 바란다.

2장

인지認知의
창문을 두드리다

마음의 닻을 내리다

고속도로 휴게소에는 먹거리가 많다

여행을 떠나기 위해 고속도로를 달린다. 친구 혹은 가족들과 함께 신나는 마음으로 목적지를 향해 가는 도중, 조수석에 앉은 사람이 화장실이 급하다고 한다. 급히 차를 돌릴 곳을 찾다가 마침 고속도로 휴게소가 눈에 띄어서 거기로 들어간다. 가족 모두 화장실에 갔다가 먹을 것을 양손 가득 들고 돌아온다. 그리고 신나는 마음을 안고 다시 여행을 떠난다.

여행을 하거나 출장을 갈 때, 고속도로 휴게소는 없어서는 안 될 요소 중 하나다. 급한 용변을 해결할 때뿐만 아니라 허기진 뱃속을 달랠 때도, 졸음을 떨쳐내기 위해 커피 한 잔을 마실 때도 아주 유용한 장소이다. 최근에는 '고속도로 휴게소 투어'를 가는 사람도 생길 만큼 휴게소는 이제 단순한 휴식 공간이 아닌 '여행의 일부분'이 되어 가고 있다. 그런데 우리는 왜 휴게소에만 들르면 계획에도 없던 먹거리를 잔뜩 사들고 차로 돌아오는 행동을 반복하는 것일까? 그것은 휴게소 안에도 우리가 생각하지 못했던 소비를 유도하는 넛지가 존재하기 때문이다.

휴게소에 가면 가장 고민하는 요소는 무엇일까? 바로 가격이다. 대부분 음식의 가격이 시중에서 파는 것보다 1천 원에서 많게는 2천 원가량 비싸다. 가격이 비싼 이유는 휴게소라는 위치가 주는 특수성과 희소성 때문이다. 고속도로에서 커피를 구매하려고 하면, 국도나 시내의 도로에서 커피를 사는 것보다 어렵다. 내가 이동하는 동선에서 카페의 수가 많으면 많을수록 우리는 다양한 선택지 중 하나를 선택하여 소비할 수 있지만, 그렇지 않은 경우 주어진 공간 내에 있는 카페에서 커피를 구매해야 한다. 휴게소도 마찬가지로 고속도로 내에서는 주어진 선택지가 적기 때문에, 사람들은 가격이 비싸더라도 울며 겨자 먹기로 구매할 수밖에 없다. 즉, 고속도로의 휴게소는 위치를 독점하고 있기 때문에 가격이 비싸다는 것이다. 휴게소에서 책정한 가격은 사람들에게 기준 가격보다 비싸다는 인식을 심어주며, 구매해야 하는 상황이지만 선뜻 구매를 망설일 수밖에 없는 상황이 발생한다.

〈도공 고속도로 휴게소 음식 가격 순위〉

순위	휴게소명	상품명	상품 가격	운영업체 수수료율	비고
1	시흥하늘	랍스타반마리토마토파스타	19,800	41%	민자
2	마장복합	이천쌀밥 특정식	18,000	25%	민자
3	시흥하늘	왕갈비탕	17,000	35%	민자
4	매송(목포)	새우로제함박파스타	16,000	50%	민자
5	고창(시흥)	풍천장어덮밥	15,000	직영	민자
6	금강	함박스테이크	15,000	20%	민자
7	덕평	매운소갈비찜정식	15,000	29%	민자
8	마장복합	제육볶음	15,000	25%	민자
9	매송(목포)	장흥표고갈비탕	15,000	45%	민자
10	매송(목포)	시푸드크림함박파스타	15,000	50%	민자

자료 : 도로공사 제출자료, 2018. 10.

앞의 표에 명시한 것처럼, 휴게소에서 제공하는 음식은 시중에서 먹는 음식의 가격보다 50% 정도 비싸다. 휴게소에서 이렇게 비싼 음식을 마주쳤을 때, 당신은 두 가지 중 하나의 생각을 할 수 있을 것이다. 비싸지만 아쉬운 대로 먹거나, 휴게소에서 먹지 않거나. 어떤 경우든 장기적으로 봤을 땐 휴게소에서 사람들이 소비를 망설이거나 혹은 소비하지 않게 된다는 것이다. 하지만 가격이 비싸서 휴게소에서 소비 행위를 하지 않는 사람도 여전히 휴게소를 방문한다. 화장실을 가거나 졸음으로 인해 잠시 쉬어 가기 위해서이다. 고속도로의 특성상, 사람들이 휴게소를 방문하는 것은 휴게소 음식의 가격이 비싼 것과는 큰 연관성이 없다. 대체재가 없는 상황으로 인해 휴게소 음식의 가격이 시중보다 3~50%나 비싸더라도 휴게소 방문율은 떨어지지 않는다.

휴게소를 운영하는 기업의 입장에서, 중요한 것은 사람들이 휴게소를 방문하는 것이 아니었다. 휴게소 운영자의 입장에서는 화장실에 가는 사람들, 즉 휴게소를 방문하는 사람들이 그냥 떠나는 것이 아니라 휴게소 안에서 얻을 수 있는 새로운 경험을 통해 사람들이 물건을 구매하도록 설계해야 했다. 예를 들어 카카오 프렌즈라는 캐릭터의 굿즈goods, 캐릭터 기획 상품가 판매되고 있는 카카오 프렌즈숍은 사람들에게 데이트 명소로 평가받을 정도로 인기가 많은 곳이다. 그런데 막상 그곳에서 사람들이 구경만 하고 상품을 구매하지 않는다면, 실질적으로 이익을 취하기 위해 만들어진 매장의 존재성이 사라진다. 이처럼 휴게소도 마찬가지로 식사를 하거나 간식을 살 목적으로 휴게소에 방문한 일부의 사람보다는, 일차적인 생리 현상을 해결하기 위해 휴게소에 들른 사람들이 편의 시설만 이용하는 것이 아니라 휴게소 내의 제품이나 서비스를 구매하게 만드는 것이 중요했다.

기업이 선택한 전략은 사람들이 본연적으로 휴게소에 온 목적을 충족하기 위한 '화장실'을 순간적으로 소비를 결심하게 만드는 공간으로 만드는 것이었다. 화장실로 가는 길목에 먹거리를 비치하여 사람들로 하여금 먹거리를 구매하고 싶다는 욕구가 일어나게 했다. 실제로 휴게실에 있는 화장실의 위치는 자연스럽게 먹거리 코너를 지나칠 수밖에 없는 곳에 위치해 있다. 그리고 더욱 중요한 것은 화장실로 가는 길에 있는 먹거리 코너 음식의 가격이 대부분 3천 원에서 5천 원으로 그다지 부담스럽지 않은 가격으로 책정되어 있다는 것이다. 왜 화장실로 가는 길목의 먹거리들은 비싸지 않은 것일까? 이는 기업이 소비자에게 해당 가격을 소비의 '닻', 즉 기준점으로 만들기 위한 넛지를 구사했기 때문이다.

'닻 내리기', 다시 말해 '앵커링anchoring'이란, 협상 테이블에서 처음 언급된 조건에 얽매여 크게 벗어나지 못하는 효과를 의미하며, 처음 주어진 조건에서 크게 벗어나지 않는 형태로 소비를 결정하는 사람들의 경향을 의미하기도 한다. 만약 당신이 화장실을 가는 데 이런 문구를 봤다고 가정해보자.

A : 제육볶음, 1만 5천 원

B : 회오리 감자, 3천 원

A의 경우, 휴게소 음식의 가격이 '상대적으로 비싸다는' 인식을 소비자에게 줄 수 있다. 따라서 소비자는 휴게소에서 소비하는 대신, 시간이 조금 걸리더라도 다른 대체재를 찾을 확률이 높다. 하지만 B의 경우

처럼 생각보다 비싸지 않다고 생각되는 가격이 노출되면, 가격의 기준이 자연스럽게 내게 가장 먼저 노출된 '3천 원'이 되고, '화장실 갔다가 저기 가서 하나 사 먹어야겠네?'라는 생각을 하게 된다. 그렇게 우리는 우리 스스로 소비를 결심하고 행동으로 옮긴다. 그저 한 메뉴의 가격과 마주쳤을 뿐인데 말이다.

또한 대부분의 휴게소에서 느낄 수 있는 공통점은 휴게소 내 카페의 위치가 화장실과 가장 멀리 떨어져 있다는 것이다. 카페를 화장실과 가장 멀리 떨어뜨린 이유 또한 앵커링과 연관이 깊다. 우리가 커피를 사기 위해 휴게소를 방문했을 경우, 우리의 닻은 '프랜차이즈 커피숍의 평균 커피 가격'이다. 즉 앞선 상황과 달리 커피를 구매하는 경우, 앵커링이 이미 되어 있는 상황인 것이다.

내가 알고 있는 아메리카노 가격 : 5천 원

주전부리 가격 : 3천 500원

이러한 상황일 경우, 사람들은 주전부리를 판매하는 곳을 그냥 지나치지 않고 자신이 구매해야 하는 아메리카노보다 가격이 낮다는 이유로 주전부리를 추가로 구매하는 경향이 강하게 나타난다. 물론 사람들은 대부분 커피와의 궁합을 얘기하며 구매를 정당화하지만, 사실은 '커피 가격'이라는 닻보다 상대적으로 가격이 저렴한 것이 지갑을 더 쉽게 열게 되는 계기가 된다는 것이다. 기업은 이러한 점을 이용해 카페를 화장실에서 가장 먼 곳에 위치시키고, 화장실에서 카페를 향해 가는 동안 사람들이 먹거리의 유혹에 넘어가게 만든다.

넛지가 실생활에서 적용되는 사례 중 거의 대부분은 '동선'과 관련이 있다. 실생활에서 똑같은 제품을 똑같은 공간에서 가장 많이 판매하는 방법은 넓게 홍보를 하는 것이 아니라 매장에 방문했을 때 사람들의 손이 가도록 유도해야 하는 것이기 때문이다. 따라서 기업은 사람들이 합리적으로 소비하지 않는다는 사실을 알아채고, 이를 고객의 이동 동선에 그대로 배치하는 경우가 많다. 우리가 무심코 돌아보는 이동 동선조차 기업은 철저하게 데이터나 행동경제학적·심리학적 이론을 적용하여 구성하고 있다. 사람들은 자신이 걷는 장소가 얼마나 철저한 연구 과정을 통해 만들어졌는지 잘 모른다. 물론 우리가 그것까지 알 필요가 있겠냐고 생각하겠지만 기업의 입장에서 생각해볼 때 조금 더 똑똑한 소비를 할 수 있을 것이다.

메뉴판의 가격은 상대적이다

여자 친구와 큰맘 먹고 패밀리 레스토랑에 갔다. 고급스러운 오크나무 식탁과 멋스러운 재즈 음악이 한껏 나오는 분위기 좋은 곳에서 우리가 제일 먼저 했던 일은 메뉴판에서 메뉴를 고르는 것이었다. 우리는 네 장으로 된 메뉴판을 보면서 안심스테이크 세트를 먹기로 결정한다. 그러다 첫 장과 둘째 장에 나와 있는 음식의 가격이 몇십만 원을 훌쩍 넘는다는 것을 발견한 여자 친구가 내게 "오빠, 이 비싼 걸 여기서 먹는 사람이 있을까?"라고 묻는다.

레스토랑에 가면 메뉴판을 자세히 보자. 가장 비싼 음식의 가격은 최소 10만 원에서 많게는 100만 원을 웃도는 경우도 있다. 또한 어느 레스토랑은 매장에서 가장 비싼 와인을 메뉴판의 가장 맨 앞에 넣어 놓기도 한다. 왜 레스토랑은 사람들이 잘 먹지도 않는 메뉴를 가장 앞에 넣는 것일까?

패밀리 레스토랑을 찾아오는 고객들은 크게 세 부류로 나뉜다. 큰맘 먹고 외식을 하는 가족, 한 번쯤 분위기 있는 곳에서 제대로 식사를 해 보고 싶은 연인들, 그리고 친구 모임 등이 있다. 고객층은 다르지만 그들은 공통적으로 '좋은 서비스, 음식의 품질'을 고려한다는 것이었으며 가격 대비 만족감이 높아야 했다. 만약 가격 대비 만족감이 높지 않을 경우 그들은 가차 없이 다른 대체재, 예를 들어 가격이 더 싸지만 좋은 분위기를 내는 곳을 선택하게 된다. 과거와 달리 패밀리 레스토랑은 특별한 날에만 오는 곳이라는 고귀한 지위를 잃어가는 처지에 직면했다.

레스토랑의 업주들은 이 문제를 어떻게 해결해야 할지 고민에 빠졌다. 가격을 내릴 것인지 혹은 가격은 그대로 두고 서비스의 품질을 높여야 할지…. 거듭된 고민의 결과 그들은 과거 9만 원에 육박하던 스테이크의 가격을 1인당 2~3만 원 선으로 낮췄으며, 고급스러운 서비스 대신 직원들이 단순히 음식을 주문받고 서빙만 하도록 바꿨다. 파격적인 조치에도 불구하고 패밀리 레스토랑이 가격만 높고 실제로는 가성비가 높지 않다고 생각하는 고객의 인식은 쉬이 바뀌지 않았다. 가격을 대폭 낮췄지만 일시적인 효과였을 뿐 가성비를 생각했을 때 패밀리 레스토랑의 서비스는 다른 곳에 비해 부족했다.

더 많은 사람의 유입을 위해 패밀리 레스토랑은 할인 쿠폰을 발급하여 배포하기 시작했다. 가격 부담이 낮아지면 사람들이 한 번이라도 더 찾아오리라 생각한 것이다. 이 전략은 어느 정도 맞아떨어졌다. 할인 쿠폰의 기한에 맞춰 사람들이 매장을 방문하기 시작했다. 하지만 할인 쿠폰 제도는 매우 치명적인 한계를 보였다. 할인 쿠폰을 받은 사람이 아닌 경우에는 여전히 가격에 부담을 느끼게 되며, 모바일 기반으로 할인 쿠폰을 받았기 때문에 인식을 변화시키는 것에는 한계가 있었던 것이었다. 또한 지속적인 할인 쿠폰 발급으로 인해 매장의 매출이 감소하는 상황까지 발생했다. 지속성의 부족으로 인해 고객에게 보상을 주는 것이 그렇게 생각보다 큰 효과를 가져다주지 못했고, 그들은 다시 고민에 빠졌다. 매장에 직접 방문한 할인 쿠폰을 적용받지 못하는 사람들에게 어떻게 자신의 제품을 합리적인 소비라고 생각하게 할 것인가?

인센티브의 제시가 매출로 이어지는 것은 일시적이라는 것을 알게 된 상황에서 패밀리 레스토랑이 주목한 것은 매장 내에 있는 '메뉴판'이었다. 그들은 사람들이 식당에서 가장 먼저 마주치는 것이 종업원의 인사가 아니라, 식당에서 무슨 메뉴를 고를지 선택하는 메뉴판이라는 것을 알고 메뉴판에 있는 메뉴를 '비교'하도록 재구성했다. 레스토랑은 사람들이 많이 주문하는 스테디셀러 메뉴를 뒤에 두고, 잘 주문하진 않지만 고급스러운 메뉴를 앞에다 두어 상대적으로 고객들이 메뉴를 비교할 수 있도록 유도했다. 그렇게 했을 때 상대적으로 뒤에 있는 메뉴가 저렴하게 보이기 때문이었다. 또한 기존에 운영하던 할인 쿠폰 제도를 함께 적용하여 고객들이 패밀리 레스토랑에서 적은 가격에 많은 만족도를 얻었다고 느끼게끔 했다. 실제로 레스토랑에 가서 메뉴를 주문하기 위해 메뉴판을 보면 첫째 장에는 10~15만 원 선의 고급스런 음식이 소개되어 있고, 둘째 장에는 4~5만 원 선의 2인 세트 음식이나 스테디셀러 메뉴가 선정되어 있다.

고객이 매장에 와서 메뉴판을 보고 주문을 할 때 사실 식당은 고객이 첫째 장에 있는 고급스러운 음식을 구매할 것으로 기대하지 않는다. 물론 첫째 장에 있는 음식을 구매하면 그들의 입장에서는 더할 나위 없겠지만, 실질적으로 그들이 원하는 것은 첫째 장의 음식과 둘째 장의 음식을 비교하여 더 저렴한 가격이라고 인식하게 만드는 것이다. 15만 원짜리 스테이크를 보다가 4만 원짜리 스테이크를 보면 상대적으로 저렴해 보이고 합리적인 구매를 하는 것처럼 느껴진다. 우리는 도대체 왜 이런 '착각'을 하게 되는 것일까? 이는 앞의 글에서 소개한 '앵커링'과 깊은 연관성이 있다. 메뉴판의 맨 앞 장에 제시된 가격이 '소비'에 있어 하나의 닻으로 작용하며, 이 닻이 상대성을 가져 실질적으로 4만 원짜리 메뉴를 더 저렴한 것처럼 느끼게 하는 것이다.

A : 15만 원 / 4만 원

B : 1만 원 / 4만 원

A와 B에서 제시된 가격은 4만 원으로 동일하다. 하지만 기준이 되는 것, 닻이 무엇이냐에 따라서 우리가 4만 원을 인식하는 것은 하늘과 땅 차이로 달라진다. A의 경우 4만 원은 상대적으로 저렴하게 보이며, B의 경우 4만 원은 상대적으로 비싸게 보인다. 우리가 이렇게 같은 가격 안

에서 다른 판단을 하는 이유는 앞에 제시한 가격을 토대로 우리가 상대적으로 판단을 하기 때문이다. 이것은 메뉴판뿐만 아니라 어디를 가든 쉽게 볼 수 있는 넛지 전략이다.

싸게 보인다고 실제로 싼 것이 아니다. 우리는 하루에도 수없이 많은 할인 광고, 할인 행사, 다양한 프로모션 등에 노출된다. 그러다 문득 상대적으로 저렴해 보이는 것들에 대해 관심을 가지게 되고, 가성비를 고려하여 구매하려 한다. 하지만 대다수의 것은 겉으로 저렴해 보일 뿐, 실제로 값이 저렴하지는 않다는 것을 알아야 한다. 이 같은 부분을 고려해야 하는 이유는, 당신이 벌어들이는 수익은 대부분 일정하기 때문이다. 수입은 일정한데 상대적으로 제품을 싸게 구매했다고 착각해서 과소비하는 것은 만족감을 줄진 모르겠지만 실질적으로 지갑 사정엔 그렇게 큰 도움이 되지 않는다는 것을 알아야 한다. 우리는 상대성에 매몰되어 살아가고 있으며, 상대성으로 인해 과소비에 대한 심각성을 잘 느끼지 못한 채 살아가고 있다는 사실을 인지해야 할 필요가 있다.

자기 과대평가는 과소비를 부른다

4주 완성의 착각에 빠지다

'4주만 투자하세요. 최고로 만들어 드립니다.'

당신이 만약 어학시험이나 중요한 면접, 인적성 고사 등을 앞두고 있다면 몇 주에 모든 과정을 완성하는 교육프로그램을 온라인·오프라인 광고를 통해 본 적이 있을 것이다. 시간이 얼마 남지 않았을 때 알토란 같은 강의 내용으로 학생들의 만족도를 높이는 이러한 프로그램은 업계를 막론하고 가장 많이 사용되는 개념 중 하나이다.

우리가 4주 완성 책이 지향하는 것처럼 4주 안에 모든 과정을 마칠 가능성은 얼마나 될까? 대부분의 사람이 그 기간 안에 과정을 마치지 못할 것이다. 그들이 제시하는 교육을 마치기 위해서는 최소 4주 이상에서 많게는 2년 정도의 시간이 걸린다. 그렇다면 왜 우리는 4주 완성 책의 과정을 기간 내에 끝내지 못하는 것일까? 우리의 의지가 박약하기 때문일까? 아니면 집중력에 문제가 있는 것일까?

그렇지 않다. 우리가 책에서 말하는 4주 과정을 4주에 끝내지 못하는 이유는 우리의 의지가 부족해서라기보다는 그 과정이 애초에 4주로 끝낼 수 있는 과정이 아니기 때문이다. 바꿔 말해 우리가 자기 자신을 지나치게 과대평가하고 있기에 일어난 오류인 것이다. 4주 완성 과정은 얼핏 보기에 내가 이 과정을 4주 이내에 끝낼 수 있다고 생각하게 만든다. 소비자가 자신의 가치를 높게 평가하도록 유도하면 자연스럽게 그 과정을 수강하게 되는 것이다. 우리는 왜 'N주 완성'의 과정을 구매하기로 마음을 먹게 되는 것일까?

사실 우리는 인정하고 싶지 않겠지만, 스스로가 생각하는 것만큼 뛰어나지 않다. 대부분의 사람은 자기 자신에게 굉장히 호의적인 경향이 있으며, 이러한 경향을 우리는 '자기 고양 편향'이라고 부른다. 자기 고양 편향이란, 자기 자신에 대해서 실제보다 더 호의적으로 지각하는 것이다. 즉, 우리가 가진 역량에 대해서 타인이 평가하는 것보다 더 높은 점수를 주거나 우리의 능력을 극대화하는 것이다. 마이클 셔머Michael Shermer가 집필한 《경제학이 풀지 못한 시장의 비밀The Mind of the Market》에 의하면,

사람들은 자기 자신에게 매우 높은 점수를 주는 경향이 있다고 한다. 실제로 이 책에서는 몇 가지 질문들이 나오는데, 참가자들은 자기 자신에게 높은 점수를 주었으며 스스로에게 매긴 점수가 객관적이라고 이야기했다.

스탠퍼드대학교 학생들에게 친절이나 이기심과 같은 자신의 개인적 성격을 친구들과 비교해서 점수를 매기도록 했다. 대부분의 참가자가 친구들보다 자신에게 후한 점수를 주었다. 그 후 학생들에게 자기 고양 편향의 위험성을 알려주고 재평가해보도록 했다. 그랬더니 이들 중 무려 63%가 자신이 매긴 점수는 객관적이라고 주장했으며, 심지어 13%는 매우 '겸손하게' 평가한 것이라고 답변했다. 또, 미국 대입시험위원회가 약 83만 명의 고등학생을 대상으로 행한 조사에 따르면 60%에 이르는 학생들이 자신의 '타인과 잘 어울리는 능력'이 상위 10%에 든다고 주장했으며, 평균 이하라고 답한 학생은 아무도 없었다고 한다.

〈US뉴스앤월드리포트U.S. News & World Report〉 지에서 1997년에 미국인들을 대상으로 누가 천국에 갈 확률이 가장 높은지 설문조사를 했다. 빌 클린턴Bill Clinton은 52%, 다이애나 황태자비Diana Frances Spencer는 60%, 오프라 윈프리Oprah Gail Winfrey는 66%, 마더 테레사Mother Teresa는 79%가 나왔다. 그리고 자기 자신이 천국에 갈 확률로는 평균 87%라는 놀라운 결과가 나왔다고 한다.

자기 자신을 객관적으로 바라보지 못하고 자기 고양 편향이 발생하는 이유는 무엇일까? 이는 좋은 일은 자기 덕택으로 돌리고, 나쁜 일은 남 탓으로 돌리거나 우연, 운명 등으로 치부하는 본능적인 요인 때문이다. 사람들은 좋은 일을 최대한 기억하려고 하고 나쁜 기억들은 최대한 잊으려고 하는 경향이 있다. 이러한 편향은 우리가 우리 자신에 대해 긍정적으로 인식할 수 있도록 돕는 요인이기도 하다.

'N주 완성' 과정이 사람들에게 인기를 얻을 수 있었던 요인은 무엇일까? 이는 앞서 이야기한 것처럼 '주어진 기간 동안 이 과제를 모두 다 해치울 수 있을 거야'라고 스스로를 고평가하기 때문이다. 만일 당신이 4주 완성 과정의 책이나 강의를 구매한다고 가정해보자. 당신은 지금 무엇인가를 빠르게 준비하고 싶은 마음으로 가득하다(시간이 없거나, 혹은 빠르게 무엇인가를 끝내고 싶은 마음일 가능성이 높다).

그런 상황에서 4주의 과정이 들어 있는 서비스나 제품을 구매할 때, 우리는 제품을 사면서 '4주 뒤에는 내가 이 과정을 모두 마스터할 수 있을 거야. 왜냐하면 나는 의지가 정말 높은 사람이거든!'이라며 자기 자신의 의지력을 높게 평가하게 된다. 하지만 실제로는 모든 과정을 마치지 못한다. 이는 우리가 이 과정을 들을 수 있다고 생각하지만 막상 그 과정을 거치는 동안에 우리의 일이 바빠지거나 생각지 못하게 갑자기 어떠한 일이 생겨 과정을 진행하지 못하는 등의 '리스크risk'를 전혀 고려하지 않은 채 판단하기 때문이다. 리스크를 고려하지 않기 때문에 자신을 과대평가하게 되고, 결국 4주가 아닌 4개월 동안 그 과정을 공부하게 된다. 심지어는 강의 자체를 참석하지 않거나, 책을 다 풀지도 않은 채 버리는 경우가 부지기수이다. 이렇게 우리는 스스로에 대해 높게 평가하면서 문제를 최대한 빠르게 해결하기 위한 솔루션을 구입하는 오류를 범하게 되는 것이다.

당신이 4주 과정을 구매했다고 해도 4주 완성의 방법이나 교육을 제공하는 기업은 당신이 '4주 동안 이 과정을 완성한다'고 절대 생각하지 않는다. 왜냐하면 당신은 놓치고 있지만, 기업은 놓치지 않고 있는 한 가지의 변수가 있기 때문이다. 바로 불확실성이다.

예를 들어보자. 당신이 3일 동안 특정한 과제물을 수행해야 하는 상황이라고 가정할 때, 다음과 같은 과정을 계획한다고 가정하자.

1일차 : 과제 분석

2일차 : 과제 연구

3일차 : 프레젠테이션 작성 및 제출

이는 실제로 당신이 N주 과정이라는 솔루션을 구매했을 때 맨 앞에 나오는 계획표와도 유사한 맥락이다. 하지만 우리는 절대 계획대로 행동하지 못한다. 불확실한 변수가 항상 발생하기 때문이다. 예를 들면 이러한 변수들이 있다.

과제 1일 차, 갑자기 다른 일이 들어와 그 일을 먼저 처리해야 하는 상황이 발생했다. 1일 차 과제를 다음날로 연기하여 진행하기로 한다. 과제 3일 차, 프레젠테이션을 다 만들었는데 상사혹은 교수, 선생가 콘셉트가 변경되었으므로 다시 제작을 진행해야 할 것 같다고 말한다. 이러한 변수들을 모두 겪은 후 일처리가 끝났을 때는 우리가 약속한 3일이라는 시간보다 더 많은 시간이 소요될 것이다. 우리는 왜 불확실한 변수를 예측하지 못하는 것일까? 예측하지 못하는 것이 당연하다. 당장 어떤 일이 닥쳐올지 불확실하기 때문에 예측이 힘든 것이다. 물론 우리가 계획하기 전에 콘셉트 변경이나 다른 일이 들어오는 상황을 적어도 생각은 할 수 있겠지만, 누구도 확신할 수 없으며 그러한 상황은 갑자기 발생하여 예측이 힘들어지는 것이다.

변수는 항상 발생한다. 어디서 나올지도 모르며 그것이 얼마나 강하고 약한지 우리는 가늠할 수 없다. 하지만 우리의 의지를 높게 평가하는 상황에서 결정할 때 모든 청사진은 이러한 변수를 고려하지 않고 계산된다. 우리가 4주 과정을 4주에 마칠 수 있다고 생각하는 이유는 바로 이러한 이유 때문이다.

'N주 완성' 과정이 우리에게 주는 교훈은 명확하다. 우리는 절대 모든 과업을 예측대로 끝내지 못한다는 것, 그리고 우리 자신의 능력을 높게 평가하여 이러한 변수들을 잘 해결할 수 있다고 이야기하는 것을 활용해 사람들의 소비 의식을 조정당할 수 있다는 것이다. 이러한 사례들은 우리의 주위를 둘러보면 매우 많으며, 그것을 알고서도 우리는 소비를 하는 것이다. 왜냐하면 빨리 문제를 해결하고 싶으니까.

무엇인가를 사기 전, 특히 그것이 계획을 세워야 하는 일이라면, 당신의 수준을 평균 수준이라고 가정하고 다양한 변수들을 고려하여 계획을 세워보자. 모든 문제 해결은 'N주 완성'의 과정에서 끝나는 것이 아니라 꾸준함에서 발생하기 때문이다.

자신을 과신하게 만드는 헬스장 정액제

퇴근길, 허한 배를 움켜쥐고 하루를 마무리하러 집으로 가는 길에 아르바이트생이 내미는 전단지를 받는다. 그들이 내미는 전단지는 두 종류 중 하나다. 하나는 헬스장 전단지, 하나는 학원 전단지. 나는 굳이 학원에 다닐 필요가 없기에 학원 전단지를 뒤로 하고 헬스장 전단지를 본다. 3개월에 12만 원이라는 문구가 눈에 들어오자 내가 과거 멋진 몸을 만들겠다는 결심을 했던 것이 떠오른다. 전단지 속 남자처럼 근육질 모습이 된 자신을 상상해본다. 이번에야말로 멋진 몸을 만들겠다고 다짐하며 헬스장에 전화를 건다.

헬스장은 많은 사람에게 애증의 공간으로 통하는 곳이다. 누구나 몸을 만들기 위해, 살을 빼기 위해 몇 개월 치의 회비를 내지만 막상 어느 순간부터 가지 않게 되는 곳이기 때문이다. 누구나 근육질의 멋진 몸을 만들겠다는 생각을 하지만 술을 마시고 잠깐 운동을 안 하는 순간 다시 원래의 아랫배 볼록 나온 모습으로 돌아가는 자신의 몸을 원망하곤 한다. 우리는 왜 자꾸 작심삼일이라는 똑같은 실수를 반복할까. 우리가 게을러서일까?

그렇지 않다. 당신이 게으르다고 느끼는 것은 당신이 '헬스장' 이용권을 결제할 때, 당신이 놓치고 있는 것이 있기 때문이다. 그렇다면 왜 헬스장은 정액 요금제를 사용하는 것일까? 정액 요금제가 고객에게 합리적인 전략이어서일까?

미국 스탠퍼드대학교의 브라이언 넛슨Brian Knutson 연구팀은 우리가 무엇인가를 구입할 때 우리 뇌 속에서 어떤 일이 벌어지는지 알아보기 위해 자기공명영상장치로 뇌를 촬영하였다. 실험 결과에 따르면 우리의 뇌는 좋아하는 제품을 보는 순간 쾌락을 느끼는 중추가 강력하게 활성화된다고 한다. 마치 사랑하는 사람과 함께 있을 때 느끼는 행복의 수준과 비슷하다고 한다. 하지만 그 제품을 구입하기 위해 가격을 확인

할 때, 복잡함과 고민의 감정을 느끼는 중추가 활성화되면서 스트레스를 받는다. 그리고 결제할 순간이 다가오면 고통을 느끼는 중추가 강력하게 활성화되며 큰 고통을 느끼는데, 그 고통의 정도는 칼에 베이거나 불에 델 때 느끼는 고통의 수준과 비슷한 정도라고 한다. 현금이 줄어드는 것이 찢어질 듯한 고통을 유발하는 것이다. 결국 좋아하는 제품을 볼 때의 쾌락은 구입을 결정한 후 결제할 순간이 되면 고통으로 바뀌게 된다.

제품을 판매하는 기업은 소비자의 심리를 아주 잘 파악하고 있으며, 소비자가 소비를 할 때 고통을 느끼지 않으면 더 많이 소비한다는 것을 알고 있다. 우리가 자주 사용하는 신용카드는 사람들이 소비를 할 때 고통을 느낀다는 것을 알고 그 고통을 줄이기 위해 만들어진 매우 강력한 소비의 마약이다. 지갑에서 현금이 빠져나가는 모습과 달리 신용카드를 사용하는 것은 결제하는 순간의 고통을 경감시켜 주며, 소비에 대해 뇌가 무감각해지게 만든다. 현금을 지불할 때에는 현금이 빠져나가는 고통스러움이 있지만, 카드를 통해 지불하면 결제 이후 실물 카드를 되돌려 받는다는 점에서 심리적 상실감이 덜하기 때문이다. 또한 당장 돈을 지불하지 않아도 된다는 것 때문에 소비자들은 속수무책으로 카드를 사용하게 되고 더 선호하게 된다. 구매라는 과정은 결국 하나의 고통이 되는 것이다.

소비에 대한 고통을 잊기 위해, 기업은 고객이 고통을 경감시킬 만한 요소를 찾아내 몇 개의 지불 제도를 만들어 내는데, 이러한 제도들은 다음과 같이 크게 세 가지 방법으로 나눌 수 있다.

① 할부 제도

할부 제도는 특정한 돈을 여러 번 나누어 내는 제도로, 물건을 먼저 받고 지불해야 할 돈을 오랜 기간에 나누어서 낼 수 있는 방식의 매매이다. 할부 제도는 카드로 지불되기 때문에 고통이 덜할 뿐만 아니라, 몇 개월로 나눠 내기 때문에 매회 지불 시의 부담 금액이 적어 많은 금액을 소비함으로 인해 생기는 고통스러운 감정이 경감된다.

② 정액 요금제

정액 요금제는 하루하루 내야 할 돈을 몇 번에 걸쳐 내는 것으로, 소비의 과정이 한 번이기 때문에 고통이 덜하다. 기업은 하루마다 내야 하는 돈을 날짜로 곱한 가격보다 정액제의 요금을 낮게 구성함으로써 사람들이 더 많이 정기 이용권을 선택하도록 유도한다.

③ 마이너스 통장

마이너스 통장은 은행들이 취급하는 대출 상품의 하나로 정식 명칭은 한도 대출이며, 미리 은행이 요구불예금 계좌에 '얼마까지 대출이 가능하다'라고 신용 대출 한도를 미리 설정해 두고 약정 금액까지는 필요할 때마다 자유롭게 찾아 쓸 수 있는 통장이다. 최근엔 모바일 뱅킹 등에서 비대면으로 신청할 수도 있다. 대출 한도 전액에 대해 이자가 붙는 신용 대출과는 달리 사용한 금액과 금액에 대해서만 이자가 붙기 때문에 당장 대출 한도 전액을 상환을 해야 하는 고통이 적어 많이 이용되는 추세다.

정액 요금제는 이렇게 하루하루 내야 할 금액을 한 번에 내게 함으로써, 소비자들의 고통을 줄여주며 더 많은 소비를 하도록 유도한다. 그렇다면 하루 요금제와 정액 요금제를 비교했을 때, 사람들은 어떤 옵션을 선택할까? 그리고 어떻게 해야 사람들이 정액제를 선택하게 될까? 다음 예시는 사용할 때마다 돈을 내는 종량제와 한 번에 결제하는 정액제 중 하나를 선택해야 하는 옵션이다.

A : 하루 이용료 1천 원, 1달 동안 이용

B : 월 이용료 3만 원, 1달 동안 이용

두 가지 옵션을 사람들에게 제시했을 때, 이러한 결과가 나왔다.

A : 하루 이용료 1천 원, 1달 동안 이용 : 48명

B : 월 이용료 3만 원, 1달 동안 이용 : 2명

대다수의 사람은 B보다 A를 선택했다. 왜냐하면 A와 B의 총 가격이 같기 때문이다. 총 가격이 동일하기 때문에 사람들은 자신이 30일 동안 헬스장을 나오지 않을 것이란 것을 알고 있었다. 즉 사람들은 옵션을 통해 지불해야 하는 가격이 같을 때는 오히려 변수를 고려하는 경향이 있었던 것이다. 하지만, 다음 옵션에서 사람들은 정반대의 행동을 하게 된다.

A : 하루 이용료 1천 원, 1달 동안 이용
B : 월 이용료 2만 원

위와 같은 옵션을 제시했을 때는 앞서의 선택과는 정반대의 결과가 나온다.

A : 하루 이용료 1천 원, 1달 동안 이용 : 16명
B : 월 이용료 2만 원 : 34명

과반수의 사람들이 A가 아닌 B를 선택한 것이다. 사람들이 B를 선택하게 된 가장 큰 동기는 무엇일까? 이는 사람들이 정액 요금제의 월 요금이 하루 요금의 한 달 치보다 더 저렴할 경우, 자신이 헬스장을 매일

나올 것이라고 가정을 하고 소비를 판단한다는 것이다.

앞선 사례에서는 A를 선택하든 B를 선택하든 만약 30일 동안 빠짐 없이 헬스장을 방문한다면, 우리가 지불할 가격은 3만 원으로 동일하다. 사람들은 빠짐없이 헬스장을 나오는 것이 얼마나 어려운 일인지 알기 때문에 월 요금제를 결제하는 사람은 거의 없다. 따라서 상대적으로 지불액은 똑같지만, 변수를 고려할 수 있는 A 옵션을 선택하게 하는 것이다. 하지만 월 이용료가 3만 원에서 2만 원으로 낮아질 경우에는 자신이 30일 동안 헬스장을 나가지 못한다는 생각보다, 30일 동안 헬스장을 다 나오게 되면 내가 오히려 1만 원을 이득을 본다고 생각하거나 30일 중 10일을 나오지 않아도 '본전을 뽑는다'고 생각하게 된다.

즉 정액제 요금이 더 낮을 경우에 우리는 변수를 고려하기보다는 직관적으로 일일 사용료의 가격이 낮은 것을 선택한다. 우리가 30일 동안 헬스장을 모두 나올 수 있다고 착각하게 되는 것이다. 이 사례를 통해 우리는 단지 가격을 내리는 것만으로도 소비자의 선택이 달라질 수 있음을 알 수 있으며, 가격이 낮아질수록 사람들은 비합리적으로 생각하고 자신을 과대평가하는 경향이 있다는 것을 알 수 있다.

당신은 앞서 두 번째 옵션에서 B를 선택할 때, 변수가 될 수 있는 당신이 헬스장을 이용할 수 있는 평균 횟수를 계산하지 않았으며, 다양한 변수들로 인해 헬스장을 중도에 그만두거나, 몸이 다쳐서 헬스장을 이용할 수 없게 되는 갑작스러운 변수를 고려하지 않았다. 변수를 고려하지 않게 된 가장 큰 이유는 당신이 30일 동안 한 번도 빠짐없이 헬스장을 간다고 가정할 경우, 정액제의 가격이 훨씬 저렴하므로 정액제를 이용하는 것이 합리적이라고 판단했기 때문이다.

정액제는 언뜻 보면 소비자에게 이득을 주는 가격 정책으로 보인다. 매일 이용료를 내는 것보다 훨씬 효율적이고 비용이 절감되는 것처럼 보이기 때문이다. 하지만 정액제는 절대 당신에게 이득을 주지 않는다. 왜냐하면 정액제는 당신이 소비를 결심할 때, 당신은 스스로의 능력을 과대평가하는 자기 고양 편향의 발현을 유도하여 판단을 흐리게 만들기 때문이다. 결국, 나 자신을 능력을 가지고 '높게 평가함'으로 인해 우리는 정액제 요금을 선택하지만, 실제로는 하루 요금을 지속적으로 내는 것보다 더 많은 돈을 지출하는 상황이 오게 될 수 있는 것이다(이를테면 1개월 요금을 끊고 5일만 나가는 경우가 있겠다).

정리하면 정액제의 가격은 합리적으로 보이지만 사실상 소비자가 무의식적으로 가격이 더 낮은 것을 선호하는 심리를 이용하여, 변수를 고려하면 보다 현실적인 선택이라고 할 수 있는 하루 요금제가 아닌 정액 요금제를 선택하게 만들어 고정적인 회원 수 및 자금을 확보하려는 헬스장의 넛지 전략인 것이다.

정액제가 우리에게 주는 교훈은 간단하다. 절대로 우리 자신이 높은 능력을 가지고 있다고 과신하지 말고, 현실적으로 많은 변수를 고려하여 소비를 선택하라는 것이다. 지금 이 순간에도 정액권을 끊어놓고 한 번도 사용하지 않은 사람들이 후회하고 있다. 내가 왜 하지도 않을 걸 했을까? 하고자 하는 의지가 약한 것이 아닐까? 라고 생각한다. 하지만 당신은 의지가 박약한 것이 아니다. 당신은 그저 정액제라는 넛지에 의해 합리적으로 사고하지 못하고 자신을 과대평가했을 뿐이다.

3

사람은 모두 선택하는 과정을 싫어한다

추천 아이템을 손에 집다

집에 가다가 문득 화장품을 사야겠다는 생각을 했다. 사용하던 향수가 얼마 남지 않았고, 최근에 손이 건조해서 핸드크림을 발라야 할 것 같았기 때문이었다. 나는 집으로 향하던 발걸음을 돌려 화장품 매장에 들어갔다.

화장품에 대해 평소 관심이 많거나 알고 있는 게 많은 편은 아니었다. 예전에 선물 받았던 향수가 마음에 들어서 같은 제품을 계속 사용하고 있을 뿐이었다. 이번에도 마찬가지로 사용해오던 제품을 구매하려고 했다. 그런데 매장 앞의 추천 제품에 묘하게 시선이 끌린다. 빈티지한 디자인, 마치 표면을 광주리로 덮어놓은 듯한 포근한 느낌을 주는 향수를 보자 그것이 내 책상 위에 있는 것을 상상하게 되고, '이번에는 이 제품을 사볼까?'하는 생각으로 이어져 결국 처음 구매하려고 했던 제품이 아닌 추천 제품을 구매한다.

우리가 매장에서 흔히 볼 수 있는 것 중 하나가 '추천 제품'이다. 누가 추천했는지는 잘 모르겠지만, 어쨌든 좋은 제품이라고 검증되었다는 생각이 드는 건 어쩔 수 없다. 그런데 여기서 우리가 짚고 넘어가야 할 것은, 추천 제품은 대개 모든 매장의 입구 쪽에 위치한다는 것이다. 도대체 추천 제품을 매장 입구에 위치시키는 이유는 무엇일까? 그리고 이 전략은 어떻게 소비자의 지갑을 열게 하는 것일까?

당신이 무언가 선택을 해야 하는 상황이라고 가정해보자. 무엇인가를 선택해야 하는 상황에서 선택지가 많은 것이 좋을까? 아니면 선택지가 적은 것이 좋을까? 이러한 상황을 마주했을 때 사람이 어떤 성향을 드러내는지 가장 잘 설명해 주는 것이 바로 잼jam 실험이다.

미국 스워스모어대 심리학과 교수인 배리 슈워츠Barry Schwartz는 잼을 이용해 흥미로운 실험을 했다. 그는 실험 참가자들을 쇼핑센터에 데려가 잼을 구매하도록 했다. 한 그룹에는 여섯 개의 잼을 보여줬고, 또 다른 그룹에는 스물네 개의 잼을 보여줬다. 과연 어떤 결과가 나왔을까? 실험 결과 스물네 개의 잼이 진열돼 있을 때 사람들은 해당 매장을 더 많이 찾은 것으로 확인됐다. 놀라운 사실은 정작 구매량은 여섯 개의 잼이 진열됐을 때가 더 많았다는 것이다. 슈워츠 교수는 너무 많은 선택지가 소비자로 하여금 최종 선택을 주저하게 했고 결국 소비자를 쫓아내게 했다고 실험 결과를 설명한다. 실제로 여섯 개의 잼을 진열했던 가판대에서는 30%의 판매율을, 스물네 개의 옵션을 내놓은 가판대에서는 3%의 판매율을 보였다. 그러나 역설적으로 소비자들의 가판대 선호도 자체는 스물네 개의 잼이 진열되었던 시식대가 60%로 높았다. 이를 '선택의 역설paradox of choice'이라고 한다.

선택의 역설이란 선택의 폭이 넓어지면 넓어질수록 오히려 사람이 잘못된 결정을 하게 돼 선택에 대한 만족도가 떨어지는 현상을 의미한다. 우리는 보통 선택의 폭이 넓으면 소비자가 더 만족하리라 생각하기 쉽다. 많은 선택지 중 하나를 고를 수 있기 때문이다. 하지만 실제 구매 결과를 보면 그 반대인 경우가 많다. 여러 가지 선택지를 앞에 두면 소비자는 더 선택하기 어려워하고, 그렇게 최종 선택한 것이 최적의 선택이 아닐 가능성이 높아진다. 최종 선택한 물건이 최적의 선택이었어도 더 좋은 대안이 있지 않았을까 하는 불안감이 높아질 수도 있다. 따라서 선택지를 늘리는 것이 반드시 소비자의 만족감을 높인다고 볼 수는 없다.

항상 선택지를 줄이는 것이 좋은 것은 아니다. 상황에 따라 선택지가 많은 것이 만족감을 주는 경우도 있기 때문이다. 다음은 선택지가 많으면 좋은 상황과 적으면 좋은 상황을 구분하여 서술했다.

① 정보를 탐색할 때 – 선택지는 많을수록 좋다

우선 선택을 해야 하는 상황이 아니라 정보를 탐색해야 할 때, 무엇인가를 조사할 때는 선택지가 많은 게 사람들에게 더 큰 만족을 준다. 어떤 제품을 구매할지 결정하지 않은 상태에서는 여러 가지 제품을 경험해보고 정보를 얻는 것이 목적이기 때문이다. 즉, 구매를 결정하는 순간이 아닐 때는 선택지가 많은 상황이 소비자들에게는 더 큰 만족감을 줄 수 있다. 그것은 나중에 구매할 때 합리적인 구매를 했다고 느끼게끔 한다. 따라서 대부분 매장은 제품을 탐색하는 사람들을 고려해 제품의 종류를 다양하게 비치한다.

② 대안을 결정해야 할 때 – 선택지는 적을수록 좋다

어떠한 문제를 해결하기 위한 대안을 결정해야 하는 순간에는 많은 선택지보다는 적은 선택지가 더 낫다. 대안을 결정하기 위한 기준이 많은데, 선택지가 여러 가지라면 사람은 기준에 맞는 선택지를 고르는 데 어려움을 느끼게 되고 그로 인해 스트레스를 받기 때문이다. 앞서 서술한 잼 실험은 다양한 잼 중 대안을 결정해야 하는 상황이었기 때문에 사람들은 선택지가 적은 것을 더 선호한 것이다.

정확하게 선택한다는 것은 어려운 과정이며, 매장과 고객이 함께 웃을 수 있는 대안을 만드는 것도 쉽지 않은 과정이다. 매장과 고객은 어떤 입장 차이를 보이는 것일까. 매장은 선택지가 많은 상황을 선호할 수밖에 없다. 소비자가 먼저 매장(온라인·오프라인 포함)에 방문하여 최대한 많이 탐색하고 그중에서 자신에게 맞는 최적의 대안을 선택해 구매를 유도해야 하기 때문이다. 또한 선택지가 많으면 소비자가 선택의 책임을 매장에 전가하는 경향이 많이 줄어든다. 다양한 대안을 고려했기에 자신의 결정이 합리적이었다고 생각하게 되기 때문이다.

소비자의 입장은 매장과 다르다. 물론 소비자들은 다양한 선택지 사이에서 자신에게 맞는 제품을 탐색하여 제품에 대한 정보를 얻는 과정을 거치겠지만, 최종적으로 구매를 결정하는 순간이 가까울수록 선택지가 최대한 적어야 한다. 소비자에게 소비는 단순히 물건을 구매하는 것이 아니라 자신에게 필요한 것을 채워 가는 과정이다. 이러한 과정에서 가장 최소화해야 하는 것은 '스트레스'다. 선택의 폭이 넓어져서 스트레스를 받으면 소비 행위를 포기할 가능성도 높다.

이 같은 입장 차이의 충돌로 인해 매장은 고민이 생겼다. 제품의 수를 줄여야 하나? 혹은 이대로 계속 소비자에게 스트레스를 유발하게 할 것인가? 제품의 수를 줄이면 언뜻 보기에 스트레스 없는 선택을 할 수 있는 것처럼 보이지만, 사실상 기존 매장의 취지와는 맞지 않을뿐더러 대안이 줄어들면 소비자들마저 자신의 선택에 대해 의심을 할 수 있다. 반대로 현재의 체제를 그대로 유지한다면 소비자들이 불만을 제기하는 상황이 있을 수 있고 잼 실험에서처럼 결정 자체를 포기할 가능성도 있다. 매장은 이러한 상황 속에서 모두의 바람을 충족하는 무엇인가를 만들어야 했다. 그러다 소비자들의 선택을 정리해 주는 '추천'이라는 행위에 주목했다.

추천이란 타인이 해당 제품이나 서비스의 질이 좋으므로 당신에게도 적합할 것이라며 소개하는 것을 말한다. 추천을 받게 되면 자연스럽게 관점이 추천 제품 위주로 변화하게 되고 자신이 해야 할 선택을 누군가가 대신해주는 효과를 얻을 수 있다. 이렇게 되면 소비자들의 만족도는 훨씬 높아지며, 더불어 추천한 제품도 기존보다 더 많이 팔릴 수 있다. 추천이라는 행동은 누군가가 나를 대신하여 선택하는 행위라고 할 수 있기 때문에, 소비자들은 소비의 과정에서 스트레스를 덜 받으며 제품을 선택하여 소비할 수 있다. 즉, 소비자의 탐색 과정을 생략함으로써 고객들이 소비하는 이유를 지켜주는 동시에 매장의 구조를 바꿀 필요도 없어졌다. 추천 제도는 매장에 있어 '누이 좋고 매부 좋은' 방법이다.

추천 제도는 고객과 매장의 바람을 동시에 충족할 수 있는 제도이지만, 이 제도가 효과적으로 발현되려면 고객들이 추천 제품을 소비할 수 있도록 유도하는 넛지가 필요했다. 따라서 매장은 고객의 눈에 잘 띄는 곳에 추천 아이템을 배치하거나, 추천하고자 하는 아이템을 매대에서 강조하는 방법을 사용한다. 추천 아이템이 매장의 입구에 있는 것은 고객의 소비 탐색 시간을 현저하게 줄이겠다는 넛지 전략이다. 추천 제품이 눈앞에 있다면 소비자들은 굳이 매장을 돌아보며 자신에게 맞는 제품이 어떤 것인지 찾는 행위를 하지 않고 더 빠른 시간 내에 소비 여부를 결정할 수 있으며, 선택의 고통에서 빠져나올 수 있다.

결국 추천 아이템은 소비자들이 더 빠르게 소비할 수 있도록 하는 넛지 전략이다. 매장은 주관적인 기준에 따라 추천할 제품을 선정한 것밖에 없다. 하지만 소비자들은 누군가가 추천한 제품에는 그만한 이유가 있다고 생각하여 탐색의 과정을 거치지 않고 바로 소비한다.

우리는 누군가가 추천한 제품이라고 하면 당연히 좋은 제품이라고 생각하지만, 사실 그 제품을 구매하도록 매장에서 유도하는 것임을 알아야 한다. 추천 아이템 중에서는 물론 좋은 아이템이 많다. 하지만 당신의 기준에서는 아닐 수 있다. 추천 제품이라고 해서 무조건적으로 구매하지 말고, 자신의 기준에서 다시 한번 생각한다면 조금 더 합리적인 소비를 할 수 있을 것이다.

냉장고에 붙은 배달 전단지

직장의 점심시간은 여유로울 것 같으면서 여유롭지 않다. 오후 2시에 있는 중요한 회의를 준비하느라 식사 시간이 부족해 간단하게 배달 음식으로 점심을 해결하기로 한다. 어느 식당이 맛있는지 검색하다가 예전에 새롭게 식당을 개장했다면서 배달부가 주고 간 전단지가 눈에 띈다. 그래, 선택할 필요가 뭐가 있겠어? 그냥 가까운 데에서 주문하자. 나는 팀원들의 음식을 모두 주문받은 뒤 배달음식점에 전화해 주문한다.

우리의 책상 앞, 누군가 붙여 놓은 배달 전단지를 쉽게 볼 수 있다. 누가 붙였는지는 모르지만 우리는 배달 음식을 시킬 때, '귀찮은' 마음에 내 눈앞에 있는 전단지를 보고 음식을 주문하게 된다. 우리는 왜 수많은 선택지 속에서 눈에 보이는 것만을 선택하려고 하는 것일까? 전단지는 당신이 선택하는 것을 귀찮아하고 싫어하는 것을 이용한 넛지 전략이다. 그렇다면 배달 전단지가 선택을 싫어하는 사람의 마음을 이용해 어떻게 음식을 '주문'하도록 유도하는 것인지 알아보자.

사실 무엇인가를 선택하는 것은 매우 큰 스트레스를 수반한다. 사람들은 선택하는 순간 선택하지 않은 또 다른 선택지에 미련을 가지며, 선택하지 않았을 때의 기회비용에 대해 끊임없이 고민하기 때문이다. 이것도 하고 싶고 저것도 하고 싶을 때, 양쪽 모두 하는 것이 이상적이다. 하지만 주어진 시간과 물질적인 요인으로 인해 우리는 자신의 욕망을 모두 충족하지 못하며, 양자택일이라는 기로에 서게 된다.

우선, 앞에서 언급했던 것처럼 선택지의 수가 많은 것이 꼭 나쁜 것은 아니다. 다양한 옵션을 다각도로 고려할 기회가 생기기 때문이다. 일례로, 밥과 라면 중 하나만을 선택할 수 있는 곳과 밥과 라면, 돈가스 등 다양한 음식 중 하나를 선택할 수 있는 곳이 있다면 당신은 어느 곳을 선호하겠는가? 아마도 다양한 선택지가 있는 후자를 선호할 것이다. 하지만 선택지와 실제 구매 행동으로 이어지는 것은 밥과 라면 중 하나만을 선택할 수 있는 곳의 구매율이 더 높다. 선택지의 수가 적으면 적을수록 선택하지 않은 기회비용을 분명하게 책정할 수 있기 때문이다.

예를 들어 전자의 경우, 밥을 선택하면 '라면을 먹지 않았다'라는 분명한 기회비용이 존재하며, 이처럼 명확하게 구분되어 있으면 사람들이 기회비용을 높게 인식하지 않는다. 하지만 다양한 옵션 중 하나를 선택할 경우에는 기회비용이 '내가 선택한 것을 제외한 나머지 기회비용의 합'인지 '나머지 중 가장 가격이 비싼 것에 대한 기회비용'인지 분명하지 않아 두 개 중 하나를 고르는 상황보다 기회비용을 더 크게 인식한다. 결국 선택지의 수가 많아지면 선택하지 않은 것에 대한 더 많은 이성적인 사고를 요구하게 되어 고통받는 것이다.

그러나 선택지가 많고 적은 것이 선택의 결정적인 요인은 아니다. 사실 선택을 하는 것에 있어서 무엇보다 중요한 것은 선택지의 양이 아니라, 선택 기준의 명확함에 있다.

예를 들어 보자. 다음은 우리가 두 가지 중 하나를 선택해야 하는 상황을 명시했다.

A : 선택 기준 = 없음

　짜장면이 맛있는 가나반점 vs 짬뽕이 맛있는 다라반점

B : 선택 기준 = 짬뽕

　짜장면이 맛있는 가나반점 vs 짬뽕이 맛있는 다라반점

A와 B에서 선택해야 하는 것은 가나반점과 다라반점 중 어느 매장을 방문해야 할 것인지에 대한 것이다. A의 경우 두 가지 옵션 중 하나의 옵션을 선택하는 상황이지만 어떤 매장을 선택할지 감이 오지 않아 선택에 있어서 고통을 느끼게 된다. 선택에 대한 명확한 방향성이 없기 때문이다.

반면 B에서는 선택의 기준이 분명하여 사람들이 A보다 B를 선호할 수 있다고 유추할 수 있다. 짬뽕을 더 선호하는 사람은 짜장면이 더 맛있는 집보다, 짬뽕이 더 맛있는 집을 선호하리라 생각하는 것이다. 결국 선택의 기준을 설정하는 것은 선택의 스트레스를 줄이는 기능을 하고, 선택 기준은 선택의 질뿐만 아니라 선택의 과정에서 수반되는 스트레스를 경감시키는 중요한 역할을 한다.

이렇듯 선택에서 기준을 제시하는 것은 선택을 빠르게 돕는다. 기업은 소비자들의 선택에 대한 고통을 경감시킴과 동시에 기업이 원하는 방향으로 소비를 유도하기 위해 자신들만의 '특정한 기준'을 만들어 소비자를 유혹한다. 몇 가지 예시를 통해 기업이 어떻게 특정한 기준을 소비자에게 제시하는지 알아보자.

① 주말에 뭐 하지? '주모ZUMO'

주모 애플리케이션은 주말에 데이트 코스나 여행 코스를 정하지 못하는 사람들을 위해 주제에 맞는 다양한 업소를 추천해주며 액티비티 및 코스 예약을 도와주는 플랫폼이다. 당신이 만약 데이트 코스를 기획해야 하는 상황에서 선택의 기준이 없어 방향성을 잡지 못한 경우, 기업은 너그럽게 당신에게 특정한 기준을 제시하여 선택에 도움을 준다. 관심사가 비슷한 경우 사람들은 플랫폼이 추천한 장소나 액티비티를 진행하는 경우가 많다.

② 배달의민족 프로모션

배달의민족에서는 매달 혹은 매주 특정한 음식을 할인하거나 특정 음식 분야 전체를 할인하는 프로모션을 지속적으로 진행하고 있다. 특히 배달의민족이 프로모션을 진행할 때 돋보이는 부분은 재미있는 마케팅 메시지뿐만 아니라 메뉴를 고민하는 사람들을 '설득'하듯 말해 선택을 돕고 배달의민족을 통해 소비하도록 유도한다.

여기서 알 수 있는 것은 기업이 당신에게 '큐레이팅curating'을 해준다는 것이다. 큐레이팅이란 서로 비슷하지만 다른 것들을 하나의 주제로 묶어 특정한 의미를 만드는 것을 의미하는데, 미술에서 자주 쓰이던 개념이 마케팅과 유통 등으로 넘어와 전방위적으로 사용되기 시작했다. 큐레이팅은 특정한 기준을 설정한 후 사람들에게 서로 다른 것들을 하나로 묶어 설명해준다. 예를 들어 '신사동 데이트 코스'라는 기준이 있다면, 기업에서는 '신사동 데이트 코스'라는 주제에 해당하는 맛집, 카페, 쇼핑 등 데이트에 필요한 요소들을 제시한다.

기업이 당신에게 큐레이팅을 하는 이유는 무엇일까? 바로 선택의 폭이 넓거나 선택의 기준이 없어 소비를 고민하는 당신에게 특정한 선택의 기준을 제시하여 그 선택의 기준대로 소비를 유도하기 위해서이다. 예를 들어 당신이 누군가 추천한 '신사동 데이트 코스' 중 하나를 선택하기로 하고, 해당 애플리케이션의 서비스를 이용하여 데이트 코스의 액티비티를 예약한다고 가정해보자. 당신은 왜 많고 많은 선택지 중 액티비티를 예약했는가? 액티비티 말고 더 합리적이고 실용적인 데이트 코스가 많을 텐데 말이다. 그 이유는 당신이 선택해야 하는 고통을 회피하기 위해서이다. 실용적인 데이트 코스를 알아보는 것보다 누군가 큐레이팅을 해서 눈앞에 제시해준 것을 고르는 것이 자신에게 더 편하기 때문이다. 결국 기업이 소비자에게 제공하는 큐레이팅은 당신에게 도움을 주기 위함이 아니라, 당신을 기업이 원하는 대로 행동하게 만들기 위한 넛지 전략인 것이다.

다시 회사의 점심시간으로 돌아오자. 당신은 현재 식당을 선택해야 한다. 맛있는 점심을 위해 당신은 배달 시간, 맛에 대한 사람들의 주변 평가, 위치 등 주변의 모든 편익을 고려하여 다양한 선택지 중 최고의 선택지를 골라야 한다. 하지만 '배달 가능한 집'이란 추상적인 기준을 가지고 식당을 선택하는 것은 쉽지 않다.

우선 회사 인근 식당 곳곳에 전화해서 배달 가능 여부를 물어보는 것은 시간이 너무 오래 걸리며 많은 수고가 들어가기에 또 다른 스트레스를 유발한다. 또한 배달을 시켰을 때 맛이 없을 가능성이 있기 때문에 실질적으로 맛에 대한 조사도 해야 하는데 사람은 취향이 제각각이라서 통일하기가 쉽지 않다.

이럴 때 눈에 띄는 전단지가 '바쁜 점심 배달주문 리스트'라는 큐레이팅 메시지가 되는 것이다. 즉 '배달이 가능하다는 것을 강조하는' 전단지를 보는 순간 우리는 다양한 옵션을 고려하여 가장 합리적인 선택지를 고르기보다는 식당을 직접 알아보는 수고로움을 덜기 위해 전단지의 음식점에 주문을 해버리는 것이다. 그래서 식당은 당신의 회사에서 원하든 원하지 않든 배달 전단지를 붙이고 가는 것이다.

인터넷을 조금만 찾아봐도 수많은 정보가 보기 좋게 정리되어 나오지만 우리는 선택의 순간에 다양한 대안의 속성을 고려하기보다는 누군가가 추천해주는 대로 메뉴를 선택하고 의사를 결정한다. 현대는 가만히 있어도 수많은 정보가 쏟아져 나오고 그것을 간단히 이용할 수 있는 편리한 시대다. 물론 이러한 편리함을 잘 이용하는 것은 좋다. 하지만 이로 인해 정말 중요한 결정마저 귀찮아지는 문제가 생기지는 않을지 우려된다. 때로는 나만의 명확한 기준을 가지고 선택을 하자. 그 기준이 어떤 것이든 간에….

4

현상 유지 편향에 매인 사람들

사람은 누구나 변화를 두려워한다

인터넷을 돌아다니다, '첫 달 무료'라는 한 음악 스트리밍 사이트의 광고를 봤다. 마침 휴대폰을 바꾼 지 얼마 안 됐고, 지금 이용하고 있는 음악 스트리밍 서비스에 불만을 느끼던 참이었기에 첫 달 무료 혜택을 받아 기분 좋게 서비스를 신청한다.

인터넷을 돌아다니다 보면, '음악 듣기 무료 이용권' 행사를 곧잘 보게 된다. 할인 이벤트는 스트리밍을 1개월 또는 2개월 동안 무료로 이용하고 그 후부터는 정가의 이용료를 자동 결제하여 서비스를 제공하는 시스템이다. 물론 음원 사이트에서는 이러한 내용을 크게는 아니지만 공지를 해놓고 있으며, 사람들은 어차피 음악 스트리밍 서비스에 가입하려고 했기에 잘 됐다며 이벤트에 참여하고, 무료 기간이 끝나면 정기적으로 결제를 하는 고객이 된다.

넷플릭스는 신규 가입자를 위해 한 달간 무료 서비스를 운영한다. 심지어 중간에 취소 수수료 없이 언제든 서비스를 취소할 수 있다. 하지만 이러한 제도가 운용되고 있음에도 불구하고 사람들은 자기가 신청한 서비스를 군이 취소하려고 하지 않는다. 그 이유에 대해 알아보자.

스트리밍이란 인터넷에서 데이터를 연속적으로 전송하여 실시간으로 재생하는 일이다. 다운로드보다 기기의 용량을 많이 차지하지 않고 과정이 단순하기 때문에 소비자들이 선호하고 있다. 과거 우리는 음악을 듣거나 영상을 볼 때, 스트리밍이 아닌 다운로드를 통해 영상이나 음악을 소비했다. 스트리밍 시장이 확대되기 이전에 사람들이 음악을 듣기 위해 사용해온 LP, 테이프, CD, MD플레이어, MP3 플레이어 등은 우리가 음악을 '소장'하는 개념으로 소비했음을 알려준다. 하지만 시간이 지나면서, 콘텐츠 소비의 흐름이 다운로드, 즉 소장에서 이용으로 변화하기 시작했으며, 과거 횡행하던 불법 다운로드 시장이 막히게 되자 사람들은 '그냥 몇천 원 주고 말지'라는 생각으로 무제한 듣기, 무제한 다운로드 서비스를 유료로 이용하기 시작한다.

우리가 휴대폰을 사용할 때 음악 스트리밍을 이용하는 것이 당연한 절차인 것처럼 군어진 것은 얼마 되지 않았지만, 가장 먼저 우리에게 다가온 서비스임에는 분명하다. 왜냐하면 영상과 달리 가장 먼저 스마트폰 시장에서 스트리밍을 시작했기 때문이다. 이어폰만 꽂으면, 모바일에서도 음악 플레이어를 이용할 수 있다는 장점 때문에 스마트폰 이용자들에게 인기가 높았다. 그리고 '무제한' 요금제를 적극적으로 도입하여 고객들에게 호감을 끌어냈다. 무제한이라는 말은 '가성비'를 중요시하는 고객들에게 자신의 가치를 충족시키기에 충분했기 때문이다. 예를 들어 내가 1개월에 1천 곡을 들으며, 음악 스트리밍 1개월 이용권의 가격이 대략 7천 원, 한 곡의 다운로드 가격은 700원이라고 가정해보자. 다운로드를 해서 음악을 들으면 한 달에 약 7십만 원의 지출이 생긴다. 반면에 스트리밍을 통해 들으면 겨우 7천 원의 지출이 생긴다. 즉 사람들은 많이 들으면 들을수록 가성비가 더 커지는 상품이 있다고 인식한다.

현재의 음악 스트리밍 시장은 10여 년 전 신문 구독자 수를 늘리기 위해 경쟁을 펼쳤던 언론사들의 사정과 비슷하며, 우리가 생각하는 것 이상으로 매우 경쟁이 치열하다. 신문과 달리 음악 스트리밍 서비스는 대개 1개만 신청하는 경우가 대다수이기 때문이다. 하나의 서비스를 소비하기로 결정하면 그 서비스만 중점적으로 소비한다.

기업은 어떤 고객을 선택해야 훨씬 확실하게 제품이나 서비스를 홍보할 수 있을까? 기업은 처음, 전통적인 마케팅 방식인 연령대를 통해 접근했다. 10대에서 30대 사이는 음악을 많이 듣고 그 음악을 공유하는 특성이 있기 때문이다. 하지만 세대로 고객을 나누는 접근 방법은 실패했다. 스마트폰이 보급되면서 연령의 구분 없이 음악을 즐기게 되었기 때문이다. 10대가 8~90년대의 음악을, 60대가 10대들이 즐겨 듣는 음악을 듣는 등 장르의 통합과 융합이 자연스러워지게 되면서 10~30대, 40~60대라는 세대별로 나누는 것은 의미를 잃게 되었다.

첫 번째 실패 후, 기업은 두 번째 시도에서 연령 대신 음악 재생 빈도를 조사하고 재생 빈도가 높은 사람들에게 제품과 서비스를 추천하는 전략을 구성한다. 그러나 이 전략은 첫 번째 전략보다 더 큰 실패를 안긴다. 음악을 자주 듣는 사람들이 너무 많아 고객을 구분할 만한 특성을 찾지 못했기 때문이다. 이외에도 추천인 추천 시 할인 제도 등을 통해 고객을 분석하고자 했지만 실패했다. 그렇게 몇 번의 시행착오를 더 거친 뒤 그들은 최소 두 가지의 고객층을 정의하게 된다.

하나는, 음악 스트리밍 서비스를 새로 이용하려는 사람들이었다. 기존 유튜브나 다운로드를 통해 음악을 들었지만 새로운 음악을 들을 때마다 다운로드를 해야 하는 불편함과 유튜브 영상을 소비하다 보면 지속해서 나오는 광고에 대한 피로도가 증가하여 음악 스트리밍 서비스를 새로 이용하려고 하는 사람이 그들의 주된 고객이었다.

두 번째는 기존에 사용하던 음악 스트리밍 서비스의 가격이나 서비스에 불만이 많아 서비스를 바꿔야 하는 사람들이다. 음악의 업로드가 늦는다거나, 가격이 너무 비싸다거나 플랫폼 자체에서 내부 업데이트나 개선이 없는 상황이 반복된다면 사람들은 다른 대체재를 찾을 것이라고 생각했다.

기업은 사람들이 신문을 구독할 때, 어지간한 일이 아니면 그 신문을 소비하든 소비하지 않든 지속해서 구독하는 현상에 주목했다. 사람은 특별한 이득이 주어지지 않는 이상 현재 성립된 행동을 바꾸지 않으려는 경향을 가지고 있다. 이처럼 인간이 현재 상황을 그대로 유지하고 싶어 하는 것을 '현상 유지 편향'이라고 한다. 현상 유지 편향은 정치적, 사회적 현상 및 고객의 세밀한 행동에서도 지속해서 관찰되는데, 예시를 통해 우리가 얼마나 현상 유지 편향에 노출되어 있는지 알아보자.

당신은 이번에 미용실을 바꾸려고 한다. 미용실을 찾아본 결과 두 개의 미용실이 있다.

A : 기존 미용실, 1만 원
B : 새로운 미용실 1, 8천 원
C : 새로운 미용실 2, 9천 원

세 가지 옵션 중 하나는 현상을 유지하는 것이고, 두 가지는 새로운 미용실을 가는 것이다. 다음 중 어떤 선택지를 선택할 것이냐고 익명 애플리케이션을 통해 50명에게 설문을 진행한 결과 다음과 같은 결과가 나왔다.

A : 기존 미용실, 1만 원 : 45명

B : 새로운 미용실 1, 8천 원 : 5명

C : 새로운 미용실 2, 9천 원 : 0명

설문 결과, 사람은 '새로운 미용실'을 가겠다는 시도를 할 때, 단순히 가격이 저렴한 것을 고려할 뿐만 아니라 '기존 미용실을 포기함으로써 다른 미용실을 찾아야 하는 비용+새로운 미용실을 선택했을 때 원하는 헤어스타일이 나오지 않을 위험부담' 등을 복합적으로 고려하여 선택한다. 이렇듯 새로운 시스템이나 대체재로 바뀔 경우, 소비자 본인이 고려해야 하는 상황들이 많아지면 굳이 변화해야 할 필요성을 느끼지 못하는 것이다. 반대로, C의 선택지에 머리 마사지를 같이해준다는 새로운 옵션이 추가된다고 가정해보자.

A : 기존 미용실(컷트), 1만 원

B : 새로운 미용실 1(컷트), 8천 원

C : 새로운 미용실 2(머리 마사지+컷트), 9천 원

이 경우, 앞의 상황과는 다른 결과가 나온다.

A : 기존 미용실(컷트), 1만 원 : 4명

B : 새로운 미용실 1(컷트), 8천 원 : 10명

C : 새로운 미용실 2(머리 마사지+컷트), 9천 원 : 36명

C에 '머리 마사지' 옵션을 추가하게 되면, 기존 미용실을 다닌다는 A의 옵션은 C와 비교될 뿐만 아니라 똑같은 옵션에 가격이 더 낮은 B와도 비교가 되어, A를 선택하는 사람은 앞선 경우와 달리 단 네 명이 선택했다. 이 결과를 통해서 알 수 있는 것은, 사람들은 누구나 기존의 것을 고수하고 싶어 하는 현상 유지 편향을 가지고 있지만 인센티브가 큰 옵션이 추가되면 사람들은 현상을 유지하기보다 변화해야겠다고 인식한다. 즉 인센티브가 획기적이고 가격이 낮아야 사람들이 그 옵션에 따라 움직일 가능성이 높다는 것이다. 만약 인센티브가 획기적일 경우, 사람들은 인센티브가 있는 옵션에 대해 정확하게 고려하기보단 일단 한

번 사보자는 도전적인 마음으로 제품을 소비한다.

현상 유지 편향이 획기적인 인센티브로 인해 사라지더라도, 새로운 서비스를 이용하게 될 때는 다시 현상 유지 편향이 시작된다. 새로운 서비스에 대해 만족을 느끼고 특별한 일이 없는 경우, 정기 이용권을 구매한 사람들에겐 지속해서 일정한 금액이 빠져나가게 되는 것이다. 기업은 이러한 점을 이용하여 고객들에게 획기적인 인센티브를 제공하게 된다.

기업들이 펼친 전략은 상품 구매 시 1~3개월 동안 기업이 고객에게 사용에 대한 비용을 청구하는 권리를 포기해 버린 것이다. 따라서 고객들이 부담 없이 서비스를 이용할 수 있고, 서비스를 이용하면서 기업이 제공하는 플랫폼에 익숙해진다. 무상으로 주어진 서비스 기간이 끝난 후 과금 제도를 만들겠다는 것이 기업의 의도이다. 즉 과금에 대한 권리를 나중으로 미뤄 놓은 것이다. 얼핏 보면 이 프로모션은 고객들에게 줄 수 있는 큰 혜택으로 보인다. 유료 서비스를 무료로 이용할 수 있기 때문이다. 고객에게 '어차피 구매할 건데 3개월 정도 써 보고 나서 결정할 수 있네?'와 같이 자율성을 주고 있기 때문에 고객의 입장에서는 부담이 없다. 하지만 이 전략은 앞서 말한 것처럼 우리가 특정한 서비스를 가입하게 되면 잘 바꾸지 않고 현재의 성향을 유지하려는, 현상 유지 편향을 이용해 고객을 끌어들이는 넛지다. 대부분 이러한 서비스를 등록하고 잘 해지하려 하지 않기 때문이다.

기업은 어차피 사용할 거라면 '혜택도 많이 받고' 자기네 서비스를 사용하라며 우리를 유혹한다. 하지만 중요한 것은 '음악 스트리밍 서비스'의 반대 상황이 '서비스를 이용하지 않는 것'이라는 것이다. 우리가 이용하는 정기 결제 서비스를 살펴보자. 그 서비스가 당신에게 정말 필요한 서비스인가? 혹시 예전에 등록해 두고 필요는 없지만 그냥 익숙해져서, 언제 사용할지 모르는 혜택을 받기 위해 그런 것은 아닌가? 잘 생각해 보자. 우리가 눈치채지 못하고 있을 뿐 돈이 빠져나가는 구멍은 생각보다 많다.

3장

똑똑한 소비를 위한
일상 속 넛지 알기

쇼핑 카트에 숨겨진 비밀

제철 과일을 할인한다는 이야기를 듣고 대형 마트로 쇼핑을 하러 갔다. 제철 과일만 사고 매장을 나올 생각이었지만 이것저것 필요한 것들이 떠올라서 죄다 담다 보니 어느덧 카트에 물건이 가득 차게 되었고, 애초에 사려고 했던 물건의 금액보다 훨씬 많은 금액을 지출하게 되었다. 난 단지 쇼핑 카트를 몰며 필요하다고 생각한 물건을 담았을 뿐인데 어쩌다 이렇게 된 걸까.

대형 마트에 가면 우리는 자신도 모르는 새에 마법에 걸린다. 무엇이든 사고 싶어지고 필요해지는 마법에…. 구매 예정에 없던 물건이 내 마음을 끌고, 마음에도 없던 물건이 저렴한 가격으로 할인 중이고 멤버십 포인트까지 적립해준다고 하니 괜히 관심이 간다. 마음을 파고들어 구매 충동을 일으키는 은밀한 유혹에서는 아무래도 이 마트를 벗어나지 않는 한 헤어 나오지 못하고 온갖 것을 다 사게 되지 않을까 싶다. 전통적으로 마트 안에는 소비자를 유도하기 위한 넛지들이 가득하다. 그렇다면 어떤 넛지들이 소비자들을 유혹하고 있을까.

대형 마트의 짧지만 굵은 역사

20년 전, 소비자들이 물건을 사는 곳은 백화점, 전통시장, 대리점 등 크게 세 군데였다. 옷은 백화점에서, 음식은 전통시장(재래시장)에서, 가전제품이나 전자제품은 대리점에서 사는 것이 소비자들의 일반적인 시각이었다. 대형 마트는 이러한 전통적인 유통 방식을 깨는 새로운 형태였다. 옷, 식품, 가전제품을 한곳에 전시하는 모습을 선보였기 때문이다. 새로운 유통 형태가 처음 등장했을 때 유통업계의 반응은 회의적이었다. 백화점, 전통시장, 대리점 등이 이미 시장을 장악하고 있는데 대형 마트가 성공할 수 있겠느냐는 의견이 대부분을 이루었다.

하지만 새로운 유통 형태를 맞이한 소비자들의 반응은 예상보다 더 뜨거웠다. 대형 마트가 다른 곳보다 가격이 저렴했기 때문이다. 과거 백화점에서 비싼 값을 주고 사던 옷들을 대형 마트에서 싼값에 살 수 있었다. 대형 마트가 저렴하게 제품을 판매할 수 있었던 까닭은 백화점에 비해 인건비를 대폭 줄였기 때문이었다. 실제로 과거 대형 마트는 매장 내 인테리어가 간소했으며 매장에서 일하는 직원도 백화점에 비해 적어 그만큼 운영비를 절감할 수 있었기에 똑같은 제품을 더 저렴하게 제공할 수 있었다. 대형 마트의 물건값이 싸다는 사실은 삽시간에 퍼져 나갔다. 대형 마트의 제품 가격이 싸다는 소문으로 인해 금세 사람들이 더 많이 몰렸고, 대형 마트에 수많은 사람이 몰리자 대형 마트 납품을 부정적으로 생각하던 기업들은 태도를 바꿔 대형 마트에 자신들의 제품을 납품하기 시작했다.

20년이 지난 현재, 대형 마트는 단언컨대 국내에서 가장 큰 유통시스템을 구축하고 있으며 가장 많은 사람이 몰리는 곳이다. 현재 전국에 470여 개의 대형 마트 점포가 있고 6만 9천 명이 대형 마트 본사와 각 점포에 근무하고 있으며, 대형 마트의 매출은 33조 7천 433억 원으로 백화점의 매출 21조 1천 256억 원보다 무려 11조나 많다.

대형 마트의 진화가 시작되다 : 옴니채널의 도래

2019년, 대형 마트는 이제 20년 전 백화점과 시장의 '도전자'가 아닌 최강자의 자리를 굳히기 위해 다양한 형태의 유통망과 서비스를 구축하여 소비자들이 편리하게 마트를 찾을 수 있도록 하고 있으며, 그에 맞게 마트의 구조도 지속해서 변화하고 있다.

2014년, 주식회사 신세계는 쇼핑몰을 개선하여 오프라인과 온라인의 경계를 무너뜨리는 'SSG.com'을 만들었다. 신세계백화점, 이마트, 이마트 트레이더스, 부츠와 같은 신세계의 유통 채널을 하나의 사이트에 통합한 것이다. 예를 들면 온라인 쇼핑몰에서 구매한 제품을 이마트나 신세계백화점 매장에서 받아 보거나, 오늘 인터넷에서 산 제품을 '쓱-배송'을 통해 매우 빠르게 받아 볼 수 있다. 고객이 직접 매장에 방문하지 않아도 온라인에서 언제든지 제품을 구매한 뒤 바로 받아 볼 수 있는 서비스는 고객들에게 큰 호응을 불러일으켰다.

이 같은 예는 국내 최대의 서점인 교보문고에서도 찾아볼 수 있다. 교보문고는 온라인이나 모바일 애플리케이션에서 책을 주문하는 경우, 온라인의 할인율을 그대로 적용하고 책을 자신이 원하는 때, 원하는 매장에서 받아 볼 수 있는 '바로드림' 서비스를 운영하고 있다. 바로드림 서비스는 편의성이 높아 책을 구매하는 사람들에게 큰 호응을 받고 있다.

앞선 두 개의 사례를 통해 느낄 수 있는 점이 있다. 대형 마트는 시간이 지날수록 점점 오프라인과 온라인을 넘나들며 고객들에게 더 편리한 서비스를 제공하기 위해 노력하고 있다는 것이다. 이렇게 온라인과 오프라인 사이의 경계가 사라지고 온라인과 오프라인이 연결되는 상황을 '옴니채널'이라고 한다. 즉 소비자가 온라인, 오프라인, 모바일 등 다양한 경로를 넘나들며 상품을 검색하고 구매할 수 있도록 하는 서비스이다. 각 유통 채널의 특성을 결합해 어떤 채널에서든 같은 매장을 이용하는 것처럼 느낄 수 있도록 하는 환경이 구축되고 있다는 것이다. 옴니채널을 이용하는 경우, 제품의 가격을 한눈에 비교할 수 있을 뿐만 아니라 온라인에서 확인한 물건을 바로 오프라인 매장에서 살 수 있다. 또한 방문한 오프라인 매장에 물건이 없을 때는 가장 가까운 다른 오프라인 매장에서 살 수 있도록 소비자를 유도하는 것도 가능하다. 오프라인 매장에서 원하는 물건을 구입하더라도 직접 들고 가는 것이 아닌 내 집에서 가장 가까운 매장에서 집으로 해당 제품을 배송하는 방식도 가능하여 소비자에게 편리함을 주고 있다.

우리가 흔히 알고 있는 시계를 없애서 소비자들이 쇼핑 시간을 느끼지 못하게 만든다든가, 남성 매장을 일부러 맨 위층에 배치하는 오래전부터 사용되어 온 전통적인 넛지 전략뿐만 아니라, 옴니채널 마케팅 전략에 맞춰 넛지는 더 진화하고 있다. 심지어 소비자들이 알아채지 못하게 하고 있다. 그렇다면 대형 마트에 숨겨진 넛지에는 어떤 것들이 있을까.

① 쇼핑 카트

첫째, 대형 마트는 쇼핑 카트의 재질을 철에서 플라스틱으로 바꿨다. 비를 맞으면 철은 녹스는 반면 플라스틱은 녹슬지 않는다는 장점과 철보다 플라스틱이 더 가벼운 소재이기 때문에 바꿨을 수도 있지만, 소비자에게 철이 녹슬거나 플라스틱이 더 가볍다는 사실이 실질적으로 가슴에 와 닿지 않는다. 그런 점보다 소비자의 마음을 움직인 것은 '시각적인 면'을 개선하려고 했기 때문이다. 기존 철 쇼핑 카트에 물건을 담았을 때, 카트 안에 있는 물건은 카트 안에 '가둬진' 것처럼 보인다. 철망 사이의 차가운 느낌으로 인해 시각적으로 불편한 느낌을 준 것이다. 카트의 디자인을 가볍고 편하게 바꾼 것은 소비자들이 카트를 더 거리낌 없이 이용하게 하여 소비를 촉진하는 넛지이다.

둘째, 쇼핑 카트에 어린아이를 앉힐 수 있는 아동 공간을 만들었다. 요즘에는 카트 안에 어린아이를 앉힐 수 있는 접이식 의자가 마련되어 있다. 이러한 아동 공간에도 넛지가 있다. 아이들을 위한 공간을 따로 만들어 놓은 이유는 고객이 아이를 돌보기 편하도록 배려하는 측면도 있지만, 그보다는 아이들이 원하는 '물건'을 소비자들이 구매하도록 유도하기 위해서이다.

아이들이 원하는 것이 공구 세트일까? 오늘 만들 생선조림에 넣을 생선이나 무 같은 것일까? 아니다. 아이들이 마트에 와서 사 달라고 조르는 것은 대부분 두 가지 중 하나다. 과자류 혹은 장난감이다. 바로 이 점에 착안해서 만든 것이 아이들을 앉혀 놓을 수 있는 작은 공간이다. 여기서 중요한 것은 아이들이 아동 공간에 앉았을 때의 시야다. 쇼핑 카트의 의자에 앉은 아이들의 시야는 부모들의 시야와 정반대이다. 부모들이 앞을 보고 나아갈 때 아이들은 뒤를 보게 된다. 아이가 뒤를 보게 만든 것은 혹시나 내 요구를 부모가 놓친 경우 자신이 요구하는 물건을 사달라고 조를 수 있게끔 해서 구매로 이어지게 하기 위해서이다. 예를 들어 과자 판매대를 지나가는데 아이가 좋아하는 과자를 부모가 그냥 지나치더라도 아이는 다음 코너로 넘어갈 때까지 볼 수 있다. 과자를 본 아이의 특성상 사 주지 않으면 세상이 떠나갈 듯이 울어 재끼기 때문에 부모는 실제로 사려고 하지 않았던 과자를 사게 되는 것이다.

셋째, 쇼핑 카트에 컵 홀더와 핸드폰 거치대를 만들었다. 손에 걸리적거리는 요소들, 음료가 담긴 컵이나 핸드폰 등을 놓을 수 있는 공간을 카트에 만들어, 쇼핑의 즐거움과 몰입도를 극대화한다. 컵과 휴대폰의 공통점은 쇼핑할 때 손에 들고 있어야 한다는 것이다. 손에 무엇인가를 들고 있다는 건 꽤나 불편하고 신경 쓰이는 일이다. 특히 휴대폰은 카카오톡 메시지나 전화 등으로 계속 진동(또는 벨)이 울리기 때문에 쇼핑에 몰입하지 못하도록 방해한다. 그래서 대형 마트에서는 카트의 왼쪽에 컵홀더, 카트의 오른쪽에 휴대폰 홀더를 만들어 소비자들이 마트에서의 쇼핑에만 집중하게끔 했다.

마트에 있어 쇼핑 집중도는 매우 중요하다. 소비자들이 쇼핑이라는 행위에 집중할 수 있게 외부의 방해 요소를 제거하는 것이야말로 매우 중요한 가치 중 하나이기 때문이다. 따라서 쇼핑의 집중도를 높이기 위해 마트는 다양한 전략을 구사하고 있으며, 컵 홀더와 휴대폰 거치대도 이 중 하나이다.

② 마트 식품 매장 구조

첫째, 식품 매장의 입구에는 과일 판매대와 야채 판매대가 있다. 매장 입구에 들어서면 과일 및 야채 판매대가 위치한 것을 볼 수 있다. 마트는 입구에서부터 고객을 유혹해야 하는 사명을 가지고 있다. 마트에 들어서는 사람들이 바로 제품을 보고 구매를 할 수 있도록 유도하면서도 편안한 마음으로 다른 제품을 살펴볼 수 있게 해야 한다. 그래서 마트는 무엇보다 계절의 변화에 민감하며, 자연스러운 색상이 많은 제품을 입구에 비치하여 사람들에게 편안함 느낌을 준다. 사람들이 만약 귤, 딸기, 수박, 사과 등의 제철 과일을 보게 된다면 '제철 과일'에 대한 욕구가 생길 수 있으며, 새로운 신선한 상품이 들어왔음을 고객에게 인지하게 만들어 구매 욕구를 증가시킨다. 색상 자체가 선명하기 때문에 사람들에게 제품에 대한 명확한 인상을 줄 수 있다는 장점이 있다.

둘째, 인기 상품을 오른쪽에 비치한다. 매장을 돌다 보면 제품이 너무나 다양해서 선택에 어려움을 겪는 경우가 많다. 이를 이용하여 매장은 사람이 물건을 비교할 수 있는 높이인 90~140cm 내외로 진열대를 설계한다. 사람들이 더 쉽고 간편하며, 편하게 제품을 비교하고 구매할 수 있도록 유도하기 위해서다. 또한 매장의 인기 제품을 오른쪽에 비치한다. 인기 제품을 오른쪽에 비치하는 이유는 우리의 시선이 대부분 왼쪽에서 오른쪽으로 이동하며 오른쪽에서 시선이 멈추기 때문이다. 시선이 멈춘다는 것은 더 많은 시간 동안 제품을 볼 수 있다는 것이므로 자연스럽게 사람들이 오른쪽의 제품을 더 선택하게 되는 것이다. 따라서 매장은 자신들이 팔고자 하는 제품을 맨 오른쪽에 비치하는 경우가 많다.

셋째, 시식 코너를 준비한다. 대형 마트의 식품 매장에서는 시식 코너를 흔히 볼 수 있다. 시식 코너를 준비하여 고객이 시식할 수 있게 하는 이유는 고객이 공짜로 무엇인가를 먹었을 때, 공짜 행동에 대한 보상을 '구매'로 유도하기 위해서이다. 사람들은 무상으로 어떤 서비스를 받을 경우 이에 대해 보상해야 한다고 무의식적으로 생각하게 된다. 그래서 시식을 하는 사람들은 충동구매를 하는 경우가 많다. 시식 서비스를 할 때와 하지 않을 때의 매출 차이가 무려 여섯 배에 달한다고 한다.

③ 계산대 속 숨겨진 비밀

첫째, 계산대 앞에 고객이 깜박하고 챙기지 못할 만한 물건들을 비치한다. 그 이유는 쇼핑을 하면서 이것저것 고르는 것에 심취해 막상 세부적인 물건을 빼놓는 경우가 많기 때문이다. 따라서 매장은 건전지, 세정제, 간식 등을 배치하여 고객에게 '빠뜨린 것 같으니 고르세요'라는 메시지를 은밀하게 전한다. 또한 계산대 앞의 물건들은 앞서 당신이 구매한 물건보다 가격이 저렴하다. 예를 들어 당신이 1만 원어치의 고기를 구매한 뒤 3천 원짜리 초콜릿을 본다면 상대적으로 3천 원짜리 초콜릿이 저렴해 보일 것이다. 앞서 자신이 구매한 물건의 가격이 높을수록 계산대 앞에 비치된 물건을 가격을 봤을 때 가격 증감에 따른 고통이 경감되어 추가로 물건을 구매할 확률이 높다. 예를 들어 3천 원짜리 물건을 구매한 사람이 3천 원짜리 물건을 더 구매하는 것과 3십만 원짜리 물건을 산 사람이 3천 원짜리 물건을 더 구매하는 것은 상대적으로 3천 원의 추가 가격에 대한 민감도가 다르다. 사람들은 3천 원이라는 가격에 대한 가치를 자신의 소비 금액에 비교하여 상대적으로 받아들이기 때문이다.

둘째, 입구를 일부러 좁게 만든다. 계산대의 역할은 계산하는 것뿐만 아니라 소비자가 제품을 구매하려다가 다시 철회하는 상황을 최대한 방지하는 포함된다. 따라서 마트에서는 계산대의 입구를 매우 좁게 하여 사람들이 줄을 서게 한다. 여기서 가장 중요한 것은 사람은 물건을 사려고 기다릴 때 무의식적으로 그 구매 행위에 희소성을 부여한다는 것이다. 10분 동안 기다려서 구매한 물건과 기다리지 않고 바로 집어서 구매한 물건에 느끼는 구매자의 주관적인 희소가치가 다르다. 그렇다고 기다림에 무조건 긍정적인 효과만 있는 것은 아니다. 너무 많은 기다림은 소비자에게 불만을 가져온다. 당신이 계산할 때 줄을 서서 30분이나 기다려야 한다면 당신은 아마 마트를 벗어나 다른 곳으로 향할지도 모른다. 그 이유는 당신이 '시간'이라는 요소를 일종의 교환가치라고 보기 때문이다. 내가 투자해야 하는 '시간'이 내가 할인받은 '가격'보다 가치가 높다면 나는 마트를 벗어나 내가 원하는 제품을 판매하는 다른 마트로 갈 가능성이 높다.

줄을 세우는 또 하나의 이유는 사람들이 뒷사람을 의식하기 때문이다. 이는 심리학적 요인이라기보다는 사회의 관습을 이용한 것이라고 볼 수 있다. 계산하는 도중인데 뒤에 차례를 기다리는 사람이 있다면 우리는 흔히 뒷사람을 위해 뒤에 아무도 없을 때보다 빠른 속도로 계산 행위를 마치려고 한다. 내가 늑장을 부리면 뒷사람이 피해를 볼 수 있다는 생각을 하기 때문이다. 실제로 동네 마트에서 뒤에 사람이 있을 때와 없을 때의 계산 속도를 비교한 결과, 사람이 있을 때는 평균 74초를 기록한 반면, 사람이 없을 때는 평균 103초를 기록했다. 또한 뒤에 기다리는 사람이 있을 때보다 없을 때 구매한 물건을 바꾸거나 환불하는 경우가 더 많았다. 이는 뒷사람이 우리의 행동을 빠르게 만드는 또 다른 변수라는 것을 알게 해준다. 즉, 계산하는 사람은 뒤에 사람이 있을 경우 무의식적으로 조바심을 가지게 되어 구매했던 물건을 바꾸거나 환불하려는 생각이 들지 않게 된다.

셋째, 내가 구매한 물건을 바깥쪽에서 보도록 만든다. 마트에서 살 물건을 다 고른 후 계산을 할 때 계산원이 제품의 바코드를 찍은 후 계산대 바깥쪽으로 보내기 때문에 우리는 구매한 제품을 바깥쪽에서 보게 된다. 이렇게 구매한 제품을 계산대 안쪽이 아닌 바깥쪽에서 보게 하는 것에는 물론 계산대의 공학적 설계 구조상의 문제 때문이기도 하겠지만, 심리적 관점에서 분석했을 때 밖에서 가격을 보게 하는 구조가 소비자로 하여금 선택한 물건을 그대로 살 수밖에 없게 만든다. 이것은 계산원이 바코드를 찍는 행동 때문이다. 물론 바코드를 찍는다고 해서 물건을 교환하지 못하는 것은 아니다. 하지만 바코드를 찍는 행동으로 인해 소비자는 이 물건을 내가 소유했다는 느낌을 무의식적으로 받게 되면서, 교환이나 반품을 하기보다는 소비의 기쁨에 더 집중하게 되는 것이다.

마트는 정확하게 이야기하면, 당신이 지갑을 꺼내 더 많은 금액을 계산하도록 설계된 장소이다. 소비자는 마트에 구비된 제품의 가격이 싸다는 이유로 마트에 방문하지만, 마트에서는 상상 이상으로 인체공학적·심리학적 요소를 십분 활용하여 소비자가 제품을 더욱 많이 구매하도록 만들고, 심지어는 필요하지 않은 것까지도 구매하게 만든다. 지나친 과소비를 하지 않고 꼭 필요한 것만 구매하기 위해선 대형 마트에서 어떠한 넛지를 사용하여 구매를 유도하는지 꼼꼼히 살펴봐야 한다.

2

패밀리 레스토랑의 회전율을 높이는 방법

좋은 일이 있을 때마다, 혹은 가족·연인끼리 화합을 도모하기 위해 패밀리 레스토랑에 간다. 고기류, 튀김류, 스파게티 등 집에서 자주 맛볼 수 없었던 음식들은 물론 케이크, 아이스크림과 같은 디저트와 커피, 차 등 다양한 음료도 준비되어 있다. 다이어트를 하는 사람이라면 샐러드 바를 이용해 싱싱한 채소를 먹을 수도 있다. 그런데 패밀리 레스토랑을 이용하면서 궁금한 점이 생기지 않았는가? 예를 들어 레스토랑 앞에 의자를 비치한 이유라든가, 1인당 1시간 30분 또는 2시간 등으로 식사 시간에 제한을 둔 이유에 대한 궁금증 말이다.

사실 패밀리 레스토랑에서도 다양한 심리학적·사회적 요소를 끌어 내어 고객들이 레스토랑 측에서 원하는 바대로 움직이게 만들고 있다. 어떤 넛지들을 이용하고 있는지 알아보자.

'빠른 회전율'을 위한 패밀리 레스토랑의 넛지

패밀리 레스토랑이 이익을 극대화하기 위해서 선택한 방법은 바로 '빠른 회전율'이다. 손님이 빠르게 먹고 나가 다음 손님이 대기하는 시간을 줄임으로써 같은 시간 내에 더 많은 손님을 받을 수 있게 해야 한다. 회전율이 높아지는 것은 매출의 증가를 의미한다. 다음과 같은 상황을 가정해 보자.

당신은 현재 네 명씩 앉을 수 있는 탁자 두 개가 갖춰진, 정원 여덟 명의 패밀리 레스토랑을 운영하는 사장이다. 손님은 네 명 단위로 들어가는 것을 기준으로 한다. 주어진 상황은 다음과 같다.

A : 고객 식사 시간 1시간 / 대기 손님 8명
B : 고객 식사 시간 30분 / 대기 손님 8명
* 입장료: 1인당 1만 원

A와 B를 비교했을 때 회전율이 더 빠른 것은 'B'이다. 손님들이 나오는 속도가 빠르기 때문에 동일한 시간 내에 더 많은 손님을 받을 수 있는 것이다. A는 1시간에 대기 손님을 8명 받을 수 있고, B는 1시간에

대기 손님을 A의 두 배인 16명을 받을 수 있다.

음식의 품질이나 서비스 등이 동일한 상황이라면 패밀리 레스토랑의 목표는 '고객들의 식사 시간을 줄이는 것'이 된다. 매출을 높이기 위해 음식의 품질을 떨어뜨리거나 서비스 인력을 줄여 서비스의 질을 감소시키는 것은 분명히 무리가 있으며 자칫하다가는 브랜드 이미지에 손상이 생길 가능성도 충분하기 때문이다. 그렇다면 패밀리 레스토랑은 회전율을 높이기 위해 어떤 전략을 사용하는지 심도 깊게 알아보자.

제한 시간을 두다

패밀리 레스토랑에 식사하러 들어갈 때 담당 직원이 '제한 시간'을 안내해 주는 경우가 있다. 보통 매장에서 식사할 수 있는 제한 시간은 1시간 30분 또는 2시간이다. 제한 시간을 설정해 두는 이유는 무엇 때문일까? 정말 2시간이나 식사를 하는 사람이 있을까? 직접 조사를 해보니 놀랍게도 패밀리 레스토랑 고객의 평균 식사 시간은 65.7분이었다. 실제 제한 시간과는 30분에서 1시간가량 차이가 나는 셈이었다. 일반적인 사람들의 식사 시간을 생각했을 때 제한 시간 제도는 2시간 이상 식사를 하는 사람들을 제재하기 위해 만들어진 것이라기보다는 제한 시간을 둠으로써 고객에게 심리적 압박을 주기 위한 것이라고 볼 수 있다.

제한 시간을 적용하게 되면 고객의 심리에 인지의 '닻'을 내리게 된다. 닻이 내려지면 고객은 행동 기준을 2시간이라는 제한 시간에 무의식적으로 맞추게 된다. 예를 들면 이렇다. 시험 시간이 60분이라면 우리는 시험지 확인, 풀이, OMR카드 입력 등을 60분 안에 맞춰 진행하려고 한다. 시간이 똑같이 흘러간다 해도, 제한 시간을 두면 사람들은 그 시간에 특정한 의미를 부여하여 행동한다. 닻이 설정된 사람들은 2시간 이내로 빠르게 식사를 하고 나가려 하게 되며, 그로 인해 회전율이 증가한다. 결국 2시간이라는 제한 시간은 정말 2시간을 다 채워서 식사하라는 것이 아니라, 2시간이 되기 전에 식당을 나오라는 무언의 압박이다.

그릇은 크고 넓게

사람은 일정한 양을 먹게 되면 배가 부르다. 바꿔 말하면 인간이 포만감을 느끼는 순간은 대부분 일정한 양 이상을 먹었을 때라는 것이다. 앞서 레스토랑이 제시한 2시간이라는 시간과 관계없이 고객은 '배가 부르게' 되면 식당을 나서게 된다. 그렇다면 고객이 빠르게 포만감을 느끼게 만들기 위해서는 어떻게 해야 할까?

패밀리 레스토랑의 뷔페 코너에 가면 크기가 크고 넓은 그릇을 보게 될 것이다. 이 그릇은 당신의 배가 포만감으로 가득 차도록 하는 결정적인 요소다. 도대체 그릇의 크기와 음식의 양이 무슨 관계가 있단 말인가? 이는 사람들이 패밀리 레스토랑에서 하는 행동을 통해 간단하게 알 수 있다. 사람들은 빈 그릇에 음식을 채울 때 '꽉' 채우려는 경향이 있다. 그 이유는 상대적인 포만감과 관련이 있다. 그릇 안에 공을 담을 수 있다고 가정했을 때 A와 B의 상황을 표현한 다음 예시를 통해 알아보자.

A : 100개 수용 가능한 그릇에 50개의 공을 담은 것
B : 55개 수용 가능한 그릇에 50개의 공을 담은 것

A와 B에 담겨 있는 공은 50개로 동일하다. 하지만 그릇의 크기에 따라 A는 절반밖에 채워지지 않은 것처럼 보이고 B는 거의 다 채워진 것처럼 보인다. 사람은 상대적으로 그릇이 비어 있는 A보다 가득 채워져 있는 B를 봤을 때 만족감을 느낀다. 이를 음식에 적용하면 답이 매우 간단해진다. 큰 그릇을 사용하면 가득 채우려는 경향으로 인해 사람들은 자신이 담으려고 했던 양보다 많이 음식을 담아 먹게 되며, 그로 인

해 더 빠르게 포만감을 느껴 매장을 빨리 떠날 가능성이 높아지는 것이다. 패밀리 레스토랑에서 넓고 큰 그릇을 사용하는 것은 더 많이 음식을 담아 더 빨리 나가게 만드는 넛지 전략이다. 사람들은 빈 그릇을 채우기 위해 혈안이 되어 있으며, 그렇게 우리는 많이 먹게 되고 빨리 배부르게 된다.

튀김류를 전면에 배치하다

패밀리 레스토랑은 당신이 빠르게 포만감을 느끼도록 음식이 진열된 뷔페의 앞쪽에 샐러드나 후식이 아니라, 기름이 많이 들어가는 튀김류를 놓아둔다. 그 이유는 크게 튀김류는 만들어 먹기 쉬운 음식이 아니라는 점, 패밀리 레스토랑에 방문한 사람들은 일반적으로 배가 고픈 상태이기에 가장 먼저 튀김을 마주하면 많이 집어 가게 된다는 점을 이용해 고객에게 빠르게 포만감을 주기 위해서다. 배가 고플 때는 이성보다는 본능이 우리의 머릿속을 지배한다. 이성적인 사고로 자신이 좋아하거나 맛있는 음식을 고르기보다는 단순히 배고픔을 빠르게 해결할 수 있는 음식을 고르게 되는 것이다. 그래서 눈에 띄는 자리에 포만감을 유발하는 음식들을 놓아두면 회전율을 높이는 데 도움이 된다.

할인 바우처의 비밀

회전율을 높이기 위한 넛지 전략 외에도 사람들이 패밀리 레스토랑에 찾아오게 만드는 넛지 전략이 있다. 최근 다양한 바우처voucher, 쿠폰 등의 인 센티브를 통해 사람들이 패밀리 레스토랑에 방문하도록 유도하는 모습 을 볼 수 있는데, 대표적인 것으로는 SNS를 활용한 '1만 원 → 1천 원' 전략을 들 수 있다. 다시 말해 1만 원권을 1천 원에 살 수 있도록 하여 90%의 할인을 받아 매장에 방문하게 만드는 전략이다. 이는 사실 표현 을 달리하여 소비자에게 제공하는 가치를 상대적으로 더 크게 보여줄 뿐이다. 실제로는 이렇다.

> A : 1인 입장료 2만 원 → 1만 1천 원으로 할인(45% 할인)
>
> A : 1인 입장료 2만 원 → 1만 원권을 90% 할인된 1천 원에 사시오

두 가지는 사실 똑같은 말이다. 둘 다 9천 원을 할인해주는 것이다. 하지만 전체 가격에서 45%를 할인받을 때보다 1만 원권을 90% 할인 받을 때 소비자는 더 큰 혜택을 받은 것처럼 느낀다. 그 이유는 할인 폭 이 90%인 것이 더 합리적인 소비로 보이기 때문이다. 소비자들은 가격 에 민감한 존재다. 따라서 특정한 가격(여기서는 1만 원권이 될 것이다)에

대해 높은 할인율을 적용하는 정책을 이용할 때 소비자들은 상대적으로 전체 가격을 따지기보단 높은 할인율에 끌려 구매할 가능성이 크다는 것이다.

넛지 전략을 통해 우리는 2시간의 제한 시간이 있음에도 더 빠르게 나가게 되고 포만감을 빨리 느껴 원하는 양만큼 먹지 못하게 된다. 그러니 시간에 얽매이지 말고 눈앞에 아른거리는 음식들의 유혹에 못 이기기 전에 먼저 한 바퀴 정도 매장을 돌아보자. 본전을 뽑으려고 하지 말고, 당신이 선호도를 확실히 반영하여 음식을 골라 먹는 것이 패밀리 레스토랑이라는 공간 안에서의 최적의 전략이 아닐까 싶다.

3

무한 리필 식당 속 한계 효용 체감의 법칙

길을 걷다 보면, 무제한이라는 문구가 적힌 식당이 나를 잡아끈다. 주머니 사정이 팍팍한 입장에서 무한 리필 식당은 참 고맙다. 같은 돈을 내고 더 많이 먹을 수 있으니까. 내가 얼만큼을 먹든 제재를 하지 않겠다는 것은 꽤나 매력적인 옵션이다. 하지만 무제한이라는 말로 인해 우리는 어느 '특정한 행동'을 하게 되는데, 그 행동은 우리의 이성적 판단에 의한 것이라기보다는 그러한 행동을 하도록 설계된 넛지 전략에 의한 것이다. 그렇다면 무제한이라는 말에 어떤 행동 설계가 들어 있기에 우리도 모르는 사이에 특정한 행동을 하게 되는 것일까? 무제한이라는 말로 인해 사람들이 어떤 행동을 하게 되는지, 이것이 어떤 결과를 불러오는지에 대해 알아보자.

리필refill : '부족함' 채우기

리필이라는 단어는 re다시+fill채우다로, 무엇인가를 다시 채우는 것을 의미한다. 국내에서는 패스트푸드점, 패밀리 레스토랑, 영화관 매점 등에서 음료를 보충해주는 의미로 주로 쓰이다가 최근에는 고기나 떡볶이 등의 음식에까지 확장되어 사용되고 있는 개념이다. 리필을 하는 이유는 간단하다. 부족하기 때문이다. 인간은 부족함이라는 인식이 생길 때 이를 해결하려는 경향이 굉장히 강한데, 리필은 이러한 사람의 심리를 활용해 기업이 제공하는 일종의 서비스이다.

예를 들어 물컵의 물을 다 마시게 되면 또 한 잔을 마시기 위해 본능적으로 정수기로 가는 것은 부족함을 채우고자 하는 인간의 본연적 욕구다. 부족함은 갈증과 식욕, 추위, 더위 등 인간의 본능에 만족스럽지 못한 것들을 충족시키려는 것부터 시작하여 생각이 필요한 철학, 꿈, 선택의 상황 등 사유가 필요한 상황까지 폭넓게 적용된다. 일시적으로 부족함의 욕구를 없애주기 때문이다. 우리가 물을 마음껏 마실 수 있다면, 갈증이라는 부족함은 그 공간에서는 잠시나마 없어지는 것처럼 말이다.

부족함을 해소하는 방법

다음과 같은 두 가지 사항이 있다.

> A : 쿠키를 마음껏 먹을 수 있다. 쿠키는 아무리 먹어도 줄지 않는다.
> B : 쿠키를 10개 먹을 수 있다. 쿠키는 10개를 먹으면 모두 없어진다.

쿠키를 먹는 만족감은 A가 높을까, B가 높을까? 250명을 대상으로 한 설문 조사에서 놀라운 결과가 나왔다. A를 선택한 사람이 51명에 불과했다. 즉, 무한대를 선택한 사람은 전체의 20.4%뿐이었던 것이다. 왜 사람들의 만족도는 쿠키가 무한히 주어지는 A가 아니라 10개만 주어지는 B가 높았던 것일까?

이는 경제학 용어인 '한계 효용'이라는 개념으로 설명이 가능하다. 한계 효용이란 재화나 용역이 증가하고 감소함에 따라 주관적으로 매겨지는 경제적 효용혹은 가치의 관계에 대한 개념을 말한다. 일반적으로 어느 사람이 똑같은 재화나 용역을 소비할 때 그 만족감은 갈수록 낮아진다. 예를 들어 갈증이 나는 사람이 물을 계속 마시면 마실수록 물을 마시고자 하는 욕구와 만족감이 떨어지는 것이 그 예다. 이러한 현상을 경제학자들은 '한계 효용 체감의 법칙'이라 이야기한다. 앞선 예시를 봤을 때, 만일 쿠키가 무한대로 주어지는 상황이라면 한계 효용 체감에 따라 쿠키에 대한 만족감은 점차 떨어질 것이다. 왜냐하면 현재의 상황은 똑같은 것을 지속적으로 시행하는 상황이기 때문이다. 한계 효용 체감의 법칙은 선택의 폭이 넓을수록 더 느린 속도로 만족감이 감소한다. 우리는 최대한 많은 것을 얻는 것을 일생일대의 꿈으로 삼지만, 막상 무한대로 제공되면 우리의 만족감은 생각보다 높지 않다는 것이다. 이 점을 염두에 두고 무한 리필 식당의 넛지 전략에 대해 알아보자.

음식의 종류는 매우 적거나 많게

무한 리필 식당의 특징 중 하나는 음식의 종류가 너무 적거나, 너무 많다는 것이다. 일례로 고기 뷔페에서는 고기를 제외한 다른 음식의 종류가 그다지 많지 않다. 하지만 패밀리 레스토랑 등의 샐러드바에는 음식의 가짓수가 수십에 이른다. 왜 이렇게 극단적인 것일까?

그 이유는 이렇다. 음식의 종류를 적게 두면 사람들이 한두 가지 음식에 집중하여 한계 효용의 법칙에 따라 음식을 소비하는 효용을 빠르게 줄일 수 있다. 똑같거나 비슷한 음식을 지속적으로 맛보면 음식을 먹는 만족도가 떨어지는 현상을 활용하여 먹을 수 있는 메뉴를 최대한 줄인 것이다.

반대로, 음식의 종류를 매우 다양하게 하면 여러 선택지를 앞둔 사람들은 스트레스를 받아 결국 선택을 포기하고 제일 맛좋은 음식을 집중적으로 먹어 한계 효용을 낮출 수 있다. 뷔페는 우리에게 실컷 먹으라며 다양한 선택지를 내밀지만 사실상 우리는 선택하는 것을 포기하고 자신의 선호도에 따라 특정한 음식을 주로 고르게 되는 것이다. 무한리필 매장에서 소비하는 양을 조절하라며 강요할 수는 없기 때문에 그들로서 이 넛지는 매우 효과적인 수단일 것이다.

주방 바깥쪽에 음식 배치하기

무한 리필 식당의 음식은 대부분 주방 안에서 만들어져 주방 밖에 배치한다. 사람들은 그 음식들을 직접 골라 집어 먹을 수 있다. 이렇게 하는 이유는 무엇 때문일까? 이는 선택에 관한 심리적 요소와 깊은 관련이 있다. 이것을 설명하기 위해서는 사람이 자신이 선택한 것에 만족을 느낄지, 타인이 선택한 것을 건네받을 때 만족을 느낄지를 알아야 한다. 다음의 예시를 통해 알아보자.

A : 고기의 양을 자기가 직접 선택한다.

B : 고기 200g을 주방에서 가져다준다.

일반적으로 A를 선택할 확률이 높다. 자신의 기호대로 고기의 양을 조절할 수 있기 때문이다. 여기서 중요한 점은 A에서 담은 고기의 양이 200g보다 작더라도 B가 아닌 A를에 만족한다는 것이다. 이것은 어떻게 설명할 수 있을까?

사람은 보통 자신의 선택을 과대평가하고 타인의 선택을 과소평가하는 경향이 있다. 이러한 점 때문에 선택의 주체가 자기 자신인 A를 선택하고 그것이 옳다고 생각하며 담은 음식의 양과 상관없이 만족을 느낀다. 만족감이 높아지면 사람은 부족함에 대한 욕구를 더 빠르게 채울 수 있고, 욕구가 채워지면 한계 효용 체감의 법칙에 따라 리필을 포기하게 된다.

사람의 심리를 이용한 넛지가 있기에 무한 리필 식당에서 진정한 무한이라는 단어는 존재하지 않는다고 볼 수 있다. 소비자들은 매장에 방문해 각자의 할당량을 '유한'하게 채운 뒤 계산을 하고 나가고, 매장의 사장도 식재료를 무한히 구매하지 않고 '유한'히 구매한다. 단지 한 사람이 먹기에 많아 보이는 양일뿐이고, 많은 음식이 그저 놓여 있을 뿐이다.

하지만 '무한'이니 '리필'이니 하는 단어는 선택의 폭을 넓혀주는 듯 보이고, 흔히 말하는 '가성비'에 있어 합리적으로 보이기 때문에 사람들은 무한 리필 매장을 방문한다. 그리고 소비자들은 매장 안에 숨겨진 선택 설계를 통해 자신의 선택에 만족감을 느끼고 더 빠르게 포만감을 느끼게 된다.

무한 리필 식당이라기보다는 양의 선택을 소비자에게 맡긴 식당이라고 보는 것이 더 나을지도 모른다. 우리는 흔히 '이렇게 퍼주듯이 음식을 주고도 남는 게 있을까?'라는 생각을 하지만 그런 쓸 데 없는 걱정을 할 필요는 없다. 그들에게는 그들만의 생존 전략이 있으니까.

팝콘과 영화관의 상관관계

영화는 우리에게 많은 영감을 준다. 우리는 영화 속에 담긴 수많은 삶의 의미들을 돌아보며 눈물을 흘리거나, 웃음을 짓는다. 그런데 이렇게 영화를 즐기기 위해서는 생각보다 많은 금액이 소비된다. 우리는 영화를 보러 가면서 알게 모르게 많은 압박을 받는다. 영화표를 싸게 사야 한다는 압박, 팝콘을 사야 한다는 압박 등. 우리는 이러한 상황을 한 번쯤 돌아볼 필요가 있다. 영화를 볼 때 대체 왜 팝콘을 사야 한다는 압박을 받는 것일까. 우리는 왜 다른 문화 공간보다 영화관을 선택하는 것일까. 영화관 곳곳에 넛지가 숨겨져 있기 때문이다. 또한 최근에는 모바일 애플리케이션, 광고, 홍보 전략을 통해 소비를 유도하기도 한다.

영화관은 과거보다 더 문화 공간으로써의 의미가 더 강해졌다. 최근에는 게임과 문화, 그리고 음악 등이 융합된 최적의 멀티플렉스로 자리매김하고 있다. 극장가가 변화하고 있는 것이다. 일례로 멀티플렉스 극장인 CGV, 롯데시네마 등은 개봉을 앞둔 영화의 시사회에 참석하지 못한 사람들을 위해 스타라이브톡 형식의 콘텐츠를 인스타그램에 송출하여 홍보하였다. 또한 영화관 내 포토존을 구성하거나, 인스타그램에 올릴 만한 멋진 공간을 개방하기도 한다.

이는 극장이 단순한 영화 상영관에서 벗어나 '복합 문화 공간'으로 탈바꿈하고 있음을 방증하는 것이다. 실제로 영화진흥위원회에서 운영하는 영화관입장권 통합전산망에 따르면 2017년 극장을 찾은 관객 수는 무려 2억 2천만 명에 육박하며 역대 기록을 갈아치우고 있다. 영화관은 극장이 영화 관람뿐만 아니라 여러 가지를 한 번에 할 수 있는 복합 공간으로써의 필요가 높아지고 있음에 따라 오락, 쇼핑, 외식 등 다양한 콘텐츠를 구비하고 있다. 대형 영화 배급사는 이러한 시류에 맞춰 영화관을 복합 문화 공간이라고 홍보하고 백화점이나 쇼핑몰의 맨 위층이나 맨 아래층에 건설하여 쇼핑과 문화를 동시에 향유할 수 있게 했다. 영화관이라는 공간이 더 이상 단순히 영화만 상영하는 곳이 아니라, 다양한 소비 매체와 함께 어우러져 사람들에게 새로운 기회를 제공한다고 해석할 수 있을 것이다.

이러한 추세를 반영하듯 최근 몇 년 전부터, 영화관은 쇼핑몰, 백화점, 심지어 대형 마트와 함께 입점하여 영화를 본 사람들이 쇼핑을 하고 쇼핑을 하는 사람들이 영화를 보도록 유도하여 상호 이익적인 관계를 형성하고 있다. 이제 본격적으로 영화관 속에 어떤 넛지가 숨겨져 있는지 알아보자.

공짜와 제한 시간에 숨은 넛지

2019년 2월, 인터넷 게시판과 카카오톡 등을 통해 CGV 할인 쿠폰이 유출되었다는 소문이 돌기 시작했다. CGV 애플리케이션에 가입해 쿠폰 번호를 입력하면 7천 원에 영화를 볼 수 있는 관람권을 준다는 이야기에 사람들은 유출된 할인 쿠폰의 코드를 공유하며, 너도나도 CGV 애플리케이션을 다운받아 회원 가입을 한 다음 쿠폰을 등록했다. 물론 CJ 본사와 CGV 측의 의견이 서로 달라 진실을 알 수는 없지만, 이 해프닝으로 인해 신규 회원 유치와 애플리케이션 다운로드 수의 증가 등의 이익을 얻을 수 있었다는 점은 분명하다. 최근에는 이 같은 할인 이벤트를 지금까지와는 다른 형식으로 스토리텔링 하여 사람들에게 특정한 행동을 유도하는 전략을 사용한다. 왜 우리들은 이러한 스토리텔링에 빠져서 평소에는 쳐다보지도 않던 애플리케이션을 다운로드하고 회원 가입을 하는 것일까? 이는 '공짜'와 '제한 시간'이 동시에 우리의 욕구를 자극하여 더 빠른 행동을 하도록 유도하기 때문이다.

이벤트를 통해 할인 쿠폰을 받을 때와 뜻밖의 상황에서 공짜로 할인 쿠폰을 받을 때 중 언제 더 기분이 좋을까? 사람들은 공짜로 무언가를 받을 때 기분이 좋을 것이라고 생각하기 쉽지만 사실은 이벤트 등에 참여하여 보상을 얻을 때 더 기분이 좋다고 느낀다. 게다가 사람들은 어떠한 행동의 보상으로 받은 것보다 공짜로 운 좋게 받은 것을 빠르게 소비하는 경향이 있다. 왜냐하면 공짜로 얻은 것은 내가 아무것도 하지 않고 얻은 것이기 때문에 아끼려는 마음보다는 '공짜로 받았으니까 빨리 써도 상관없겠지'라는 심리가 발현되기 때문이다. 이는 사람들이 무엇인가를 소비할 때 소모된 노력과 비용을 고려하여 의사 결정을 한다는 뜻이다.

A : 선물로 받은 5만 원

B : 일해서 번 5만 원

두 가지 옵션 중, 어떤 돈을 더 빨리 쓰겠는가? 당연히 A다. 사람은 공짜로 받은 돈은 총자산에 더하기보다는 아무렇게나 써도 되는 돈+α이라고 생각한다. 즉, 공짜로 받은 돈은 내 재산으로 생각하지 않는다는 것이다. 또한 할인 쿠폰 속에 기재된 기한은 일부러 발급일로부터 짧게는 1주일 길게는 한 달 안에 사용해야만 하도록 설정되어 있다. 제한 시간이 존재할 때 더 빨리 소비하려는 경향을 이용하기 위해서다. 당신이 만약 공짜로 무엇인가를 받았다고 가정하고 그것을 사용할 때와 사용하지 않을 때의 심리를 한 번 비교해보자.

당신은 정가가 5만 원인 제품을 50% 싸게 구매할 수 있는 할인 쿠폰을 받았다. 참고로 당신은 이 제품을 살 마음이 없었다고 할 때, A와 B 중 어느 것이 손해인가?

A : 제품을 할인해서 구매한다.

B : 할인 쿠폰 기한을 놓쳐 제품을 구매하지 못했다.

경제적으로 봤을 때는 A가 손해다. A가 쓰지 않아도 될 2만 5천 원을 지출했기 때문이다. 하지만 사람들은 보통 지정된 기간 내에 할인된 가격으로 구매를 하지 못한 B가 손해를 본 것으로 생각한다. 제한 시간을 설정해 두면 사람들은 공짜로 받은 할인 쿠폰을 더 빠르게 소비하려고 애쓰기 때문에 무료 이용권이 아니라면 해당 제품의 매출은 증가한다.

팝콘에 숨겨진 맥락 특정성

팝콘이 영화를 관람할 때 꼭 필요한 제품일까? 물론 팝콘을 좋아하는 사람에게는 팝콘을 먹지 않는 것이 큰 고역일 수 있지만, 아주 일부의 사람을 제외하면 팝콘이 단순히 영화를 더 재미있게 보도록 도와줄 뿐 영화 관람 시의 필수 요소는 아닐 것이다.

영화관의 입장에서는 다른 것에 비해 확실한 수익을 낼 수 있는 팝콘과 같은 주전부리를 판매하는 게 이익을 높이는 데 더 도움이 될 것이다. 똑같이 영화를 관람하더라도 팝콘을 사 먹는 사람은 영화관에서 영화 관람료 이외의 추가적인 지출을 한다는 의미다. 하지만 팝콘을 사야 하는 당위성이 없다면 고객들은 이를 그냥 지나칠 가능성이 높다. 그래서 영화관은 팝콘을 영화를 볼 때 '필요한 음식'으로 만드는 전략을 세운다.

그 대표적인 전략이 바로 팝콘을 판매하는 매장의 위치를 조정하는 것이다. 영화관은 팝콘 매장을 매표소의 바로 옆으로 조정한다. 팝콘이 만들어지는 과정을 직접 보여주는 것으로 시각적인 자극을 줄 수 있고, 은은하게 풍기는 고소한 팝콘 냄새를 통해 후각적인 자극을 줄 수도 있다. 이렇게 시각·후각에 직접적으로 자극을 가함으로써 사람들이 자연스레 팝콘을 구매할 수 있도록 유도하는 것이다.

또한 팝콘 매장을 매표소 바로 옆에 두면 사람들은 팝콘을 구매하는 것이 독립적인 소비로 느껴지지 않고 영화를 보러 가는 과정의 일부로 인식하게 된다. 이러한 심리는 팝콘 소비에 당위성을 부여한다. 쉽게 말해 매표소에서 동떨어진 곳에 있는 팝콘 매장으로 가는 등 특별한 노력을 하는 것이 아니라, 그저 가는 동선에 있어 팝콘을 구매하게 된다는 것이다. 이를 '맥락 특정성'이라고 한다. 맥락 특정성이란 사람이 선택할 때 각각의 성질을 고려해 선택하는 것이 아니라 흘러가는 상황에 따라 선택이 달라지는 성향을 의미한다.

아래의 예시를 통해 우리가 팝콘을 구매할 때의 동선을 다시 점검해보면서 우리가 어떤 상황에서 팝콘을 소비하고 어떤 상황에서 소비하지 않을지 생각해보자.

A : 표 구매 → 팝콘 매장 → 영화관

B : 표 구매 → 영화관 or 팝콘 매장

B의 상황처럼 팝콘 매장이 영화관을 가는 동선과 분리되면 팝콘을 구매하는 행위를 일종의 '수고'와 '비용'으로 생각한다. 즉 맥락에 맞지 않는 내용이 있으면 그것을 '소모적인 행동'이라고 생각하게 되는 것이다. 이를 막기 위해 A처럼 팝콘 매장을 영화관으로 가는 동선 안에 둔

것이다. 팝콘 매장의 위치는 자연스러운 맥락을 활용해 사람들이 자연스럽게 팝콘을 소비하게 만드는 넛지 전략인 것이다.

위치를 조정해 맥락을 이어 소비를 유발하는 넛지는 비단 영화관뿐 아니라 다른 곳에서도 굉장히 많이 발견할 수 있다. 편의점의 라면 뒤에 삼각김밥 판매대가 있는 것이나, 문구점의 경우 노트 옆에 펜이 있는 것은 철저하게 동선을 고려해서 진열한 것이다. 이처럼 맥락을 중요시하는 이유는 앞에서 이야기했듯이 소비자들이 소비할 때 각각의 특성을 독립적으로 고려하지 않기 때문이다.

A와 B와 C가 있을 때 우리는 각각의 효용을 객관적으로 따지면서 물건을 구매하는 것이 아니다. 각각 어떤 맥락에 있는지에 따라 구매 요인이 달라질 수 있다. 만약 맥락을 고려하지 않은 선택지가 주어졌을 때 소비자는 각각의 선택지를 살펴보는 걸 소모적이라고 판단하고 쉽사리 구매를 결정하지 못한다. 맥락을 고려해 제품이나 서비스를 배치하면 소비자는 굳이 심력을 소모할 필요 없이 제품을 직관적으로 이해할 수 있게 되고 제품을 구매할 확률이 높아진다.

관람표에 적힌 영화 시간이 12시라고 가정했을 때 실제로 영화 상영이 시작되는 시간은 12시 10분이다. 10분 동안은 광고를 내보낸다는 것인데, 영화관은 실제 영화 시작 10분 전에 사람을 입장시키면서 왜 영화 광고는 10분 전이 아니라 관람표에 적힌 영화 시간에 트는 것일까? 이는 첫째로 영화 상영 시간에 늦는 사람을 배려하기 위한 정책 중 하나이다. 하지만 이보다 더 중요한 것은, 영화관 광고를 많은 사람이 볼 수 있도록 하기 위해 사람들이 자리에 앉아 영화를 기다릴 때, 즉 영화를 기다리는 것 이외에 화장실을 간다거나 하는 등으로 광고에 이탈하는 사람들을 최대한 막기 위한 전략 중 하나다.

영화관에서 나오는 광고는 TV 광고와 유사하다. 내가 보고 싶지 않아도 내게 노출되는 광고다. 영화관이라는 특수한 특성상 이탈률이 낮지만, 사람들이 다 입장하지 않았을 때 광고를 송출하는 것은 효율적이지 못하다. 그래서 사람들이 최대한 많이 모이는 관람표에 적힌 영화 시간에 광고를 송출하는 것이다. 사람들이 자리에서 일어나지 않도록 하기 위해, 영화관은 광고 상영 시 광고에 나오는 멋지고 예쁜 배우들의 모습을 강조하거나, 청각적인 요소를 강조하여 사람들이 영화 전 상영되는 광고에 집중되도록 유도한다. 우리가 놓치고 있었지만 사실 많은 돈이 들어가는 것들에는 다 치밀한 전략이 있음을 이제는 알 수 있을 것이다.

영화관에 들어가기 전부터 영화관에서 나올 때까지, 우리는 수많은 넛지와 마주치고 대개 이 무의식에서 이뤄지는 심리 싸움에서 지곤 한다. 물론 팝콘과 음료를 구매해서 영화를 보는 것은 몸과 입이 즐거운 일이지만, 필요하지 않은 것에 너무 많은 돈을 쓰게 되면 그만큼 우리 자산이 위협받는다는 사실을 염두에 둬야 한다. 사소한 것에 관심을 기울이고, 소비에 앞서 정말 자신에게 필요한 일인지 생각해보자. 영화 한 편 보러 왔다가 영화 열 편 값을 쓰게 될지도 모르니 말이다!

4장

선택을 유도하는
은밀한 넛지

가성비의 함정, 1+1

편의점은 우리의 일상 속에 깊이 들어와 있다. 우리는 이제 배고플 때, 식당보다 편의점을 찾는 세대가 되었다. 편의점의 삼각김밥이나 라면 혹은 도시락 등으로 한 끼 식사를 대신할 수 있는 편의점에 우리는 많은 것을 의존하고 있다. 편의점은 단순히 물건을 판매하는 곳이었으나 어느 순간 다양한 할인을 선보이는 전략을 보여 왔으며, 최근에는 카페와 결합한 복합문화공간으로 거듭나고 있다. 편의점을 찾는 사람이 늘어남에 따라 편의점을 운영하는 기업은 소비자의 이동 동선, 취향 등을 철저하게 파악한 후 보다 효과적으로 넛지를 활용할 수 있도록 매장을 다시 구성하는 경우가 많아졌다. 사소해 보여도 고객의 동선이 매출에 큰 영향을 미치기 때문이다. 그렇다면 우리 주변 곳곳에 있는 편의점에 숨겨져 있는 비밀을 하나하나 파헤쳐 보도록 하자.

삼각김밥의 위치

편의점의 인기 품목인 삼각김밥은 항상 사람의 눈에 잘 띄는 곳, 특히 눈높이에 맞춰 진열되어 있다. 다시 말해 편의점은 고객의 신장을 고려해 삼각김밥의 위치를 고객이 정면을 바라봤을 때 보이는 위치에 놓아둔다. 어느 편의점에 가더라도 삼각김밥이 어디 있나 두리번거리지 않고 쉽게 찾을 수 있는 것은 우리의 눈이 좋아서가 아니라 한눈에 찾을 수 있도록 설계되었기 때문이다.

인간은 빠르게 어떠한 제품을 골라야 하는 상황에서는 심사숙고하기보단 본능적으로 자신에게 가장 잘 보이는 곳에 있는 제품을 고르는 성향이 있다. 빠르게 무엇인가를 결정해야 하는 상황에서는 이성적으로 생각해서 다양한 제품 중 하나를 선택하기보단, 본능적으로 눈이 향하는 곳에 있는 물건을 고른다. 실제로 우리가 자주 구매하는 라면, 도시락, 삼각김밥 등은 고객의 눈에 잘 띄고 계산대에서 가까운 곳에 위치에 있다. 즉석식품 및 탄산음료 등도 마찬가지이다. 특히 맥주 및 소주와 같은 주류 제품을 눈에 더 잘 보이게 한다.

왜 유독 맥주만 할인하는 걸까?

편의점에 가면 가장 많이 할인하는 품목이 있다. 바로 '맥주'다. 맥주 같은 경우는 잘 팔리는 제품보다는, 새로운 제품이나 수입 맥주 등 우리에게 조금 낯선 맥주들을 할인하는 경향이 짙은데, 그 이유는 간단하다. 상대적으로 가격이 저렴한 제품에 무의식적으로 초점을 맞추는 습성이 있는 소비자에게 새로운 맥주에 대한 호기심을 끌어내기 위해 기존의 잘 팔리는 제품보다는 새로운 제품에 할인을 많이 붙이는 것이다. 실제로 이 할인 제도를 통해 호기심이 생긴 사람들이 새로운 맥주를 소비하여 판매량이 늘어났다고 한다. 이 때문에 편의점을 비롯한 주류를 판매하는 곳에서는 잘 팔리지 않는 맥주를 종류별로 네 개를 구매하면 1만 원에 구매하는 할인 정책을 세워, 잘 판매되지 않는 제품의 판매를 촉진하고 있다.

계절마다 진열을 달리한다

편의점은 계절마다 매장의 진열을 달리하는 수고를 아끼지 않는다. 계절에 따라 구매하는 제품에 차이가 존재하기 때문이다. 그렇다면 계절별로 매장의 진열이 어떻게 달라지고 어떤 것들이 잘 팔릴까?

우선, 봄에는 황사와 미세먼지에 대비해 렌즈 세정액과 구강세척 용품 등의 재고를 늘리고 진열 면적도 확대한다. 그중에서도 가장 매출이 좋은 마스크는 고객의 눈에 잘 띄는 곳, 매장 바로 앞에 진열한다. 또한 야외 활동이 본격적으로 시작되는 여름철에는 돗자리와 선크림 등의 화장품 등을 진열하고 곽 과자 등 나가서 손쉽게 먹을 수 있게 포장된 과자를 비치한다. 휴가철에는 여행용 세정 용품과 칫솔 등 휴가에 필요한 위생용품을 눈에 띄는 곳에 진열한다. 또한 이 시기는 즉석밥과 조미료, 통조림의 판매가 급격하게 증가하기 때문에 이 또한 매장에 반영한다. 그리고 여름에는 얼음이 들어가는 음료가 많이 팔리므로 매장 바로 앞에 얼음을 비치하여 소비 효율을 높인다. 또한 탈취제를 매장 바로 앞쪽에 비치하여 사람들이 자연스럽게 제품을 구매하도록 유도한다. 이처럼 계절별로 가장 많이 팔리는 제품을 앞에 두는 이유는 수요가 늘어나는 제품을 최대한 많이 판매시키겠다는 전략이다.

1+1은 정말 이익일까?

편의점에서는 다양한 1+1, 2+1 상품을 통해 소비자가 해당 제품을 구매하도록 유도한다. 우리는 왜 하나를 더 줄 때 그 제품에 끌릴까? 사실 1+1 전략을 통해 물건을 구매하는 사람들은 그 물건이 두 개가 필요해서 사는 것이 아니라 하나의 가격으로 두 개를 살 수 있다는 점에 끌려 구매하는 경향이 강하다. 무의식적으로 가성비를 따져 같은 값이라면 한 개보다는 두 개가 낫다고 판단하는 것이다.

구매하려는 제품이 2천 원이라고 할 때 1+1 행사를 하지 않는 제품과 1+1 행사를 하는 제품을 비교하면 사람들은 다음과 같이 생각한다.

A : 1개 2천 원
B : 1+1개 2천 원 → 1개당 1천 원

결국 우리는 1+1 전략이 적용된 제품을 볼 때, 제품의 효용성이나 필요한 개수가 아니라, '개당 가격'을 따져 상대적으로 더 저렴한 쪽을 선택한다. 실제로 1+1 제품 주변을 자세히 들여다보면 대부분 비슷한 제품이나 가격이 똑같은 제품 바로 옆에 진열되어 있다. 그 이유는 사람들이 '효용'이 아닌 특정한 '맥락'에 따라 소비를 선택하는 경향을 노려 소비를 촉진하기 위함이다. 예를 들어 1천 원짜리 물건을 산다고 가정했을 때 사려는 물건과 함께 진열된 유사한 제품의 가격이 다음과 같다고 가정해보자.

A : 200원 / 500원 / 1천 원

B : 2천 원 / 5천 원 / 1천 원

구매해야 하는 것은 1천 원짜리 물건이다. 두 개의 선택지를 비교했을 때 A에서의 소비 만족도는 낮고, B에서의 소비 만족도는 높다. 동일한 제품임에도 불구하고 소비의 만족도가 달라지는 이유는 바로 구매한 물건의 가격(1천 원)과 비슷하게 제시되었던 상대적인 가격 때문이다. 우리는 제품의 객관적인 효용 가치에 따라 물건을 소비하기보다는 상대적인 상황에 따라 제품을 소비한다는 것을 알 수 있다. 1+1 제품도 마찬가지이다. A처럼 저렴한 가격의 제품 옆에 있을 때 1+1 제품을 선택하는 사람은 많지 않다. 하지만 B처럼 똑같은 가격 혹은 더 높은 가격의 제품 옆에 1+1 제품을 진열해 두면 상대적으로 구매의 만족도가 올라갈 것이고 더 싸게 샀다는 인식을 소비자에게 부여해 합리적인 소비를 했다고 생각하게 할 수 있다. 이 같은 사람의 심리를 이용해 편의점은 상대적으로 비슷한 가격대나 더 높은 가격대의 제품을 행사 제품 양옆에 배치하여 고객들의 선택을 유도한다.

또한 편의점의 행사 상품에는 총 가격이 명시되어 있지 않고 개당 가격만 명시되어 있다. 왜 개당 가격만 명시하고 총 가격을 모르게 하는 것일까? 이는 사람들이 동일한 상황이라도 어떻게 규정하느냐에 따라 선택이 달라질 수 있기 때문이다. 당신이 만약 365만 원의 보험을 1년 동안 든다고 생각해보자. 여기 두 가지 메시지가 있다.

A : 1년 365만 원으로 자신을 보호하세요.

B : 하루 1만 원으로 당신을 보호하세요.

사실 두 가지 선택지는 모두 365만 원의 보험을 가리키는 표현이다. 즉, 두 선택지의 기능적인 부분에는 별다른 차이가 존재하지 않는다. 하지만 사람들은 가격을 어떻게 규정하느냐에 따라 선택을 다르게 한다. 실제로 100명을 대상으로 조사한 결과 A를 선택한 사람은 19%[19명]에 불과했지만, B를 선택한 사람은 81%[81명]였다. 가격에 대한 부담감을 줄여서 이야기하는 것이 더 많은 사람의 선택을 받을 수 있다는 것이다. 행사 제품도 마찬가지이다. 1개에 2천 원짜리 제품을 2+1로 했을 때, 우리는 두 가지 선택지 중 하나를 선택할 수 있다.

A : 총 4천 원의 가격으로 세 개를 살 수 있습니다.

B : 개당 2천 원의 제품 두 개를 사면 하나를 더 드립니다.

상대적으로 사람들이 심리적으로 느끼는 부담이 A보다 B가 적다. 그래서 사람들은 A보다 B를 선택할 확률이 더 높아지는 것이다. 결국, 개당 가격을 명시하는 이유는 사람들이 값에 대한 심리적 부담을 줄여 선택을 유도하는 넛지 전략인 것이다.

크게 네 가지의 넛지를 살펴봤다. 물론 편의점의 넛지는 여기서 살펴본 것 이상으로 다양하게 존재하며 우리는 이러한 넛지에 넘어가 제품을 구매한다. 편의점이라는 작은 공간에도 치밀한 판매 전략이 수없이 숨겨져 있다. 어쩌면 편의점은 고객의 모든 행동을 반영한 치밀한 넛지들이 숨겨져 있는 넛지 보물 창고이지 않을까….

소유 효과란 무엇인가?

거리를 걷다 보면 반드시 한 번은 마주치는 것들이 있다. 하나는 편의점, 하나는 카페, 그리고 또 하나는 바로 화장품을 비롯 의료품, 식료품 등을 판매하는 드러그스토어다. 화장품은 이제 단순히 기능의 가치보다는 미美에 관심이 있는 사람이 한데 모이는 구심점 역할을 크게 하여, 일종의 문화공간으로 자리매김하는 추세다. 과거 화장품은 여성의 전유물이라고 생각했지만 점차 뷰티에 관심을 가지는 남성들이 늘어나면서 남성 뷰티 산업이 성장하였고 남성이 사용할 수 있는 화장품들도 늘어났다. 이제는 화장품 매장에서 남성을 대상으로 하는 전용 화장품은 물론 남녀 모두 사용할 수 있는 디퓨저, 향수, 보디로션 등을 판매하고 있다. 이러한 열풍의 중심에는 드러그스토어가 있다고 해도 과언이 아니다.

드러그스토어는 어떻게 우리 곁으로 들어왔으며, 소비를 유도하는 어떤 장치들이 숨어 있을까? 또 우리는 이 공간에서 어떤 선택 설계에 의해 소비를 하게 되는 걸까? 심리학적으로 분석하여 드러그스토어 안에 있는 넛지를 찾아보자.

매장 앞 장바구니의 비밀

비어 있는 페트병을 본 사람들은 어떤 반응을 보일까? 익명 애플리케이션으로 설문한 결과 병을 본 대다수의 사람이 페트병에 물을 채우겠다고 이야기했다. 이것은 인간에게 '채우고자 하는 욕구'가 있기 때문이다. 인간은 비어 있는 무언가를 봤을 때 이를 채우려고 하는 본능적인 욕구를 가지고 있다.

대부분의 드러그스토어에는 입구 오른쪽에 작은 철제 장바구니가 비치되어 있다. 우리가 무의식적으로 집는 이 장바구니는 쇼핑의 편의를 위해 제공되는 것이기도 하지만 비어 있는 것을 가득 채우려는 인간의 본능을 자극하여 바구니를 채워야 한다는 인식을 심는 넛지의 한 종류이기도 하다. 우리는 매장에 들어와서 장바구니를 보면 무의식적으로 챙겨 들고 쇼핑을 시작한다. 이때 필요한 것만 사야 하는 상황임에도 불구하고 손에 든 장바구니를 무의식적으로 꽉 채워야 한다는 심리적 압박을 받아 과소비할 수 있다. 장바구니를 집어 드는 단순한 행동이 생각 이상으로 오랫동안 매장에 있게 하고 더 많이 소비하게 만든다.

화장품 테스트의 비밀 : 소유 효과

드러그스토어에서 체험할 수 있는 대표적인 제품으로는 입술에 바르는 립 제품, 몸에 뿌리는 향수, 눈의 윤곽을 그리는 아이라이너 등이 있다. 화장품에 관심이 있는 사람은 색에 굉장히 민감한 경향이 있는데, 특히 여자 화장품 중 립 제품은 이러한 경향을 반영해 12가지에서 20가지의 다양한 색상을 제공한다. 또한 모든 색상의 견본품을 놓아둠으로써 실제로 체험해볼 수 있는 서비스를 제공한다. 견본품을 놓아두는 이유는 무엇일까? 이는 제품을 사지 않았더라도 견본품을 체험하는 것만으로 그 제품에 높은 가치를 부여하는 소유 효과가 발현되기 때문이다.

자신의 소유물이 아니더라도 잠시만이라도 가졌던 물건의 가치를 보다 높이 평가하는 성향을 가리키는 소유 효과를 이용한 대표적 사례가 바로 체험 마케팅이다. 예컨대 김치 냉장고 딤채는 제품 출시 초기인 1996년, 약 200명의 품질 평가단을 모집해 이들에게 3개월간 무료로 김치냉장고를 사용해본 후 구매 여부를 결정하게 했다. 결과는 놀랍게도 아무도 구매를 취소하지 않았다. 이는 평가단이 딤채를 사용하면서 딤채에 대해 높은 가치를 가지게 된 것이라고 해석할 수 있다.

드러그스토어에서 견본품을 놓는 이유도 이러한 맥락에서 비롯되었다. 제품의 색이나 종류가 다양하면 골라야 하는 선택지의 수가 넓어지게 된다. 고객은 선택지의 수가 많아질수록 선택에 어려움을 겪게 되고 소비를 포기하는 상황이 오기도 하는데, 그것을 방지하기 위해 드러그스토어에서는 제품을 직접 체험할 수 있도록 하였다. 이는 고객이 자신의 선호 제품을 찾아 소비하도록 유도하기 위해서이다. 또한 체험이라는 과정을 통해 내게 맞는 색이나 향을 찾으면 그것을 '자신의 것'으로 인식해 해당 드러그스토어 브랜드의 제품을 지속적으로 구매한다. 해당 제품에서만큼은 고정 고객을 확보할 수 있는 것이다. 결국 견본품과 체험은 당신에게 맞는 제품을 찾도록 하여 그것을 '소유'하도록 유도하는 넛지 전략이라 볼 수 있다.

기능성 제품은 안쪽에 : 상대적 필요성을 높여라

화장을 하다 보면 피부에 트러블이 생길 가능성도 배제할 수 없는데,

그럴 때 사용하기 좋은 것이 마스크팩이다. 드러그스토어에서도 마스크 팩을 판매하는데 대부분 매장 안쪽에 비치되어 있다. 왜 그런 것일까? 이는 드러그스토어에 방문하는 소비자들의 사용자 경험UX, User Experience 을 통해 바라보면 이해하기 쉽다.

일반적인 매장의 사용자 경험은 매장에 들어와 물건을 살펴보고 계산대에서 물건값을 결제하기까지의 과정이다. 여기서 중요한 것은 드러그스토어 계산대는 매장 안쪽에 위치해 있다는 것이다. 그로 인해 사람들은 문에 들어와서부터 계산대에 가기까지 앞으로 가거나 옆으로 가게 된다. 매장의 앞에는 향수, 틴트 등 화장품의 필수적인 요소들이 존재한다. 이곳에서 쇼핑을 마치고 다음 칸으로 가면 마스크팩이나 기능성 제품 등 피부 개선을 위한 제품들이 존재한다.

대부분의 사람은 메이크업용 화장품이 피부 건강에 좋지 않다고 인식하기 때문에 항상 피부 개선에 대한 부분을 염두에 두고 있다. 그래서 메이크업용 화장품 다음 칸에 진열된 피부 개선에 좋은 기능성 제품을 보면 필요한 제품이라고 생각하게 되는 것이다. 화장품을 구매하면서 마스크팩을 구매하는 경우가 많은 것은 이러한 이유 때문이다. 상대적인 위치를 이용한 넛지인 셈이다.

대기 줄을 일부러 길게 만든 이유

드러그스토어에서는 제품을 구매할 때, 사람이 적은 경우를 제외하고는 5~10분 정도 줄을 서야 하는 경우가 많다. 기다리는 줄을 길게 만든 이유는 무엇일까? 그 이유는 환불 및 교환과 관련된 문제를 최소화해 소비자가 구매 과정에서 만족을 느끼게 하여 환불 및 교환율을 줄이기 위해서이다. 소비자가 제품을 구매하기 위해 기다리다 보면, 점원이 부가적으로 설명하는 '교환 및 환불이 안 된다', '7일 이내 영수증 지참 후 방문하라'는 말이 잘 들리지 않는다. 구매 자체를 기다리는 시간이 많을수록 사람들은 부가적인 정보를 듣고 합리적인 판단을 하기보다는 빨리 사서 매장을 나가겠다는 마음이 더 커지기 때문이다. 이 때문에 사람들은 드러그스토어에서 구매를 결정하더라도, 몇 분 동안의 기다림 후에 결제를 하고 밖으로 나갈 수 있는 것이다.

드러그스토어에서는 당신이 사려는 물품을 보고 다시 한번 신중히 체크할 필요가 있다. 드러그스토어는 고객 동선을 상대적으로 비교할 수 있도록 설계하여 절대적인 필요성보다는 앞서 본 제품과 철저하게 연결시켜 구매를 하도록 유도한다. 이러한 넛지로 인해 소비자들은 더 많이 소비할 가능성이 높아진다.

필요한 것만을 구매하는 과정이 쉬운 과정은 아니다. 하지만 합리적인 소비를 하기 위해서는 자신에게 정말로 필요한 것인지 고려해 볼 여지가 있다. 오늘도 화장품을 구매하기 위해 매장에 들린 당신, 혹시 자신이 생각했던 것보다 더 구매하고 있지는 않은가? 당신의 장바구니를 살펴보라. 당신은 생각보다 유혹 앞에서 나약할지도 모른다.

3

100원 특가의 노림수

메일이 하나 왔다. 어떤 메일인가 싶어 살펴보니 햄버거 세트를 100원에 판다고 한다. 이게 진짜인가 싶어 해당 홈페이지에 들어가서 장바구니에 물건을 넣고 계산을 해보았더니 진짜 단돈 100원이다! 인터넷을 돌아다니다 보면 가끔 100원 특가 상품을 발견하게 된다. 100원이라는 지나치게 싼 가격을 의심하면서도 이내 결제 버튼을 눌러버린다. 그런데 기업이 이 '100원 딜'로 소비자에게 유도하는 것들이 몇 가지 있다는 사실을 알고 있는가? 거저 주다시피 한 가격으로 제품을 판매하는 것에 어떤 전략이 숨어 있는지 알아보자.

100원 딜 그리고 프로모션

100원 딜 이벤트를 자세히 들여다보면 특정한 제품만 판매하는 것이 아니라 '블랙 프라이데이', '○○데이'와 같은 형식의 프로모션과 함께 진행되는 경우가 많다. 다양한 제품을 저렴하게 구매할 수 있는 프로모션의 특성으로 인해 엄청난 사람들이 유입된다. 소비자들은 평소 비싸서 사지 못했던 제품을 살 수 있는 기회라 여기며 충동구매 한다.

사실 100원이라는 금액은 상징적인 의미를 지니고 있다. '무료는 아니지만 그렇다고 유료 같지도 않은' 것이다. 예전에야 100원으로 할 수 있는 것들이 많았을지 모르지만 지금은 100원으로 할 수 있는 것이 손에 꼽을 정도로 적다. 사람들에게 100원은 '가지고 있어서 나쁠 것은 없지만 그렇다고 딱히 좋지도 않은' 것이다. 쉽게 말해 100원이라는 금액의 가치가 매우 작아졌다는 것이다. 그러나 여기서 중요한 것은 아무리 작은 가치일지라도 무료로 제공하지는 않는다는 것이다. 무료로 증정하는 것이 아니라 100원이라는 특정한 조건을 걸어놓음으로써 제품의 가치가 완전히 사라지는 것을 막는다.

A : 휴대폰 케이스 무료

B : 휴대폰 케이스 100원

두 가지 문구를 봤을 때 어떤 생각이 드는가? A는 휴대폰 케이스에 대한 가치가 '무료', 품질도 그렇게 좋지 않으며 받아도 애물단지가 될 것이라는 생각이 들 것이다. 하지만 B를 보면 '굉장히 크게 할인하는 행사를 하는구나'라고 생각하거나 '마침 잔돈이 있는데 사볼까?' 하고 생각하게 된다. 0원과 100원의 금전적 가치는 큰 차이가 나지 않지만, 소비자가 금액을 인식하는 것은 크게 차이가 난다는 것이다.

100원 딜을 공공 서비스에 활용하는 사례도 많아졌다. 전남 광양시는 현재 초·중·고등학생을 대상으로 '100원 시내버스'를 시행하고 있다. 시의 대중교통을 활성화하고 학생들의 시내버스 요금 부담을 줄여주기 위해서다. 시행 이후 사용자를 집계하자 월평균 500여 명의 이용객이 증가하는 등 대중교통 이용률이 늘어나는 결과를 얻게 되었다. 또한 교통이 불편한 오지 마을 주민을 위해 시행되는 100원 택시 제도도 시민들에게 많은 호응을 얻고 있다.

마음속 회계장부

100원 딜의 가장 중요한 기능은 소비자에게 싸게 제품을 제공하는 것이 아니라 다른 제품을 구매하는 데 거부감이 없어지게 만드는 것에 있다. 이해를 돕기 위해 쉽게 예를 들어 보자.

> A : 2만 원짜리와 5만 원짜리 제품을 구매한다.
>
> B : 2만 원 제품을 100원 딜로 구매하고 5만 원 제품을 구매한다.

두 가지 상황에서 지출하는 금액은 다음과 같다.

> A : 2만 원 + 5만 원 = 7만 원
>
> B : 100원 + 5만 원 = 5만 100원

두 가지 상황을 5만 원 제품에 주목해 살펴보자. A의 경우에는 2만 원보다 비싼 5만 원짜리 제품을 살 때 소비에 대한 부담감이 생긴다. 총 가격이 7만 원이라는 것과 2만 원보다 5만 원 제품이 더 비싸기 때문이다. 하지만 B의 경우에는 2만 원 제품을 100원에 구매했기 때문에, '1만 9천 900원을 아꼈다'고 생각한다. 여기서 중요한 점은 이 금액만큼 다른 제품을 구매할 때 할인을 받는다고 생각한다는 점이다. 다시 말해 내가 아낀 1만 9천 900원을 사용하지 않는 것이 아니라 '원래 물건을 구매하는 데 사용하려던 돈'으로 정의하여 어떤 식으로든 이 돈을 사용하는 것이다. 이러한 현상을 행동경제학 용어로 '마음의 회계'라고 한다.

마음의 회계는 물리적으로 똑같은 가치를 가진 돈이라도 그 돈의 출처와 보관 장소, 용도에 따라 구분하여 사용하는 행태를 말한다. 실제로 똑같은 100만 원이라도 사람들은 길에서 주운 것이냐와 직접 일을 해서 번 것이냐에 따라 소비 경향이 달라진다. 길에서 돈을 주웠을 경우 아무런 대가 없이 쉽게 얻었기 때문에 그것을 다 쓰려고 하고, 힘들게 일해서 번 돈은 노동이라는 대가를 통해 얻었기 때문에 사용하지 않고 아껴 두는 것이다. 또한 연말에 환급받은 세금을 공돈으로 여겨 쉽게 쓰는 것, 유산으로 남겨진 돈은 가능하면 잘 쓰지 않으려고 하는 것(어느 돈을 쓰든 재산의 총액은 똑같이 줄어든다)도 모두 마음의 회계가 작용한 탓이다. 이렇게 마음의 회계는 대체로 합리적인 소비 성향을 왜곡시켜서 비합리적인 소비 행태를 조장할 수 있다. 100원 딜은 뿐만 아니라 소비자들이 평소에 망설이거나 잘 하지 않았던 행동들을 매우 저렴한 100원이라는 가격으로 유혹하여 손쉽게 그 장벽을 없애 버리기도 한다.

자신도 모르게 회원 가입을 한다

우리가 온라인 스토어에서 물건을 사기 위해 반드시 해야 하는 과정이 있다. 바로 '회원 가입'이다. 사실 회원 방문 숫자는 온라인 스토어의 가장 중요한 성장 지표 중 하나다. 오프라인 쇼핑몰에서 고객이 많고 없고를 생각하면 좀 더 이해가 빠를 것이다. 사람이 많은 곳이 장사가 잘될까, 사람이 없는 곳이 장사가 잘될까? 당연히 방문하는 사람이 많을수록, 매출이 올라갈 확률은 증가한다.

표면적으로 봤을 때 회원 수가 많다는 것은 나쁜 것이 아니다. 사람이 많이 방문할수록 제품이 판매될 확률이 높아지고, 더불어 방문자 숫자를 보고 제품의 판매자 또한 찾아올 수 있게 된다. 즉, 회원 수가 늘어난다는 것은 단순히 방문객 수의 증가를 의미할 뿐만 아니라 판매자의 증가, 광고 제휴의 증가, 시장 선점 등으로 이어지는 것이다. 온라인 스토어가 소비자들에게 회원 가입을 강요할 수 없기 때문에 매력적인 할인 정책을 통해 소비자들이 자연스럽게 쇼핑몰의 회원이 될 수 있도록 유도한다. 그래서 100원 딜은 다른 제품과 달리 비회원은 구매할 수 없다.

온라인 스토어의 마케팅 전략에 동의한다

회원 가입뿐만이 아니다. 우리는 자기도 모르는 사이에 자연스럽게 온라인 스토어 마케팅 대상에 노출되고 있다. 이것은 당신이 회원 가입을 할 때 무의식적으로 지나치는 '이메일, SMS 수신 여부' 때문이다. 당신은 회원 가입을 할 때, 주민등록번호와 휴대폰 인증, 집 주소, 휴대폰 번호 등을 기재하느냐고 SMS 수신 여부를 확인하지 않고 지나치지는 않았는가? 사람들은 가입 절차가 귀찮아서 빨리 마쳐야겠다는 생각을 한다. 이런 생각을 하게 되는 이유는 회원 가입 절차가 복잡해서가 아니라 회원 가입을 많이 해봤기 때문이다. 반복되고 정형화된 절차를 지속적으로 밟을수록 사람들은 그 절차를 매우 지겹고 따분한 것으로 인식하는 경향이 있다.

게다가 100원이라는 매우 저렴한 가격으로 상품을 구매할 수 있다는 점이 마음을 급하게 만들어 가입 절차를 주의 깊게 살피지 않고 수신 동의에 체크를 한 채 가입하게 만든다. 어차피 메일이나 문자가 와도 피해를 보는 것은 아니고 지우면 된다고 생각했겠지만, 수신 여부에 동의하는 건 내게 맞는 물건을 추천하거나 할인 행사 등의 이벤트가 진행될 때마다 그들의 잠재적인 고객이 되기로 한 것과 동일하다. 즉, 100원딜이 아니더라도 추후 할인 쿠폰이나 반값 행사 등을 진행할 때 적극적으로 소비의 과정에 참여할 수 있는 사람이 된 것이다.

온라인 스토어가 원하는 것은 잠재적인 고객이다. 충성스러운 고객도 좋지만 잠재적인 고객이 많을수록 전체적으로 마케팅 효과의 증대와 장기적인 매출을 가져올 수 있다. 따라서 매력적인 판매 정책 뒤에 회원 가입과 마케팅 모수모집단의 특성을 나타내는 값 확보를 위한 노림수가 있는 것이다.

물론 100원이란 가격은 원가에 비해서도 매우 낮은 가격이며, 대개이 행사는 처음 구매를 하는 사람들을 대상으로 하기 때문에 소비자는 '이것만 사야지'라는 생각이 지배적이다. 이렇게 소비에 있어 채찍질을하는 것은 좋은 현상이지만, 급한 마음에 막상 수신 동의 등의 사소한디테일에 신경 쓰지 못하고 넘어가는 것은 주의해야 한다. 수신에 동의하는 순간부터 당신에게는 할인 행사 하는 상품에 대한 이메일이 몇 번이고 올 것이고, 그 수많은 이메일 중 하나에 반응하여 물건을 구매한다면, 결국 온라인 스토어의 마케팅 전략대로 100원 딜을 통해 고객 확보와 매출 증가를 이루게 되는 것이다.

휴면 고객의 마음을 되돌리다

100원 딜의 조건을 다시 보자. 행사 조건 중 '신규 고객과 구매 후 1년이상이 지난 고객'을 명시되어 있을 것이다. 이를 명시하는 것은 휴면 고객의 수를 줄이고 온라인 스토어에서 휴면 고객들이 소비하도록 유도하기 위한 넛지 전략이다. 즉, 떠나간 고객을 다시 부르기 위한 넛지인 것이다. 기업의 입장에서 1년 동안 구매 이력이 없는 소비자는 다른 플랫폼이나 오프라인 매장으로 떠났다는 증거 중 하나이다. 해당 온라인 스토어에서 제품을 구매할 마음이 사라진 게 아니라면 1년이나 구매를 하지 않았을 리가 없지 않은가? 그렇다면 그들을 어떻게 다시 부를 것인가? 돌아와 달라고 이메일로 간절하게 호소할까? 사람들은 생각보다 바쁘고 산만해서 그런 이메일은 볼 틈도 없다. 보지도 않을 이메일을 보내기보다는 소비자의 시선을 확 끌어당길 수 있는 매력적인 기획을 통해 떠나간 마음을 불러오는 것이 더 자연스러운 전략이라고 기업은 평가했다.

기업은 다른 곳으로 떠나갔거나 플랫폼을 이용하지 않는 휴면 고객의 마음을 돌리기 위해 더 많은 혜택과 할인 쿠폰을 준비하였고, 100원 딜이라는 치명적인 유혹으로 다시 돌아오게끔 유도했다. 휴면 고객을 다시 부르는 이유는 앞서 이야기했듯이 온라인 스토어에선 고객의 수가 어느 정도 영향력 있는 수치이기 때문이며, 동시에 실질적인 활동 고객을 확보하기 위해서이다.

5천 원짜리 제품을 100원으로 대폭 가격을 낮춰 판매하면 수익이 나올까? 당연히 나오지 않는다. 이러한 행사는 대개 수익을 위해 진행하는 것이 아니라 마케팅을 위해 진행된다. 결론적으로 봤을 때 온라인 스토어는 사람들의 100원 딜이라는 매개로 마음의 회계를 적절히 이용해 쇼핑몰의 회원 수와 마케팅 대상자를 늘리고, 떠나간 고객들을 다시 부를 수 있다. 즉, 그들은 마케팅 비용으로 '고객'을 구매한 것이다. 이렇게 효과적이고 탁월한 넛지가 이 세상에 어디 있겠는가! 그들은 강제적인 움직임 하나 없이 고객 스스로 자신의 행사를 홍보하고 참여하게 만든다.

4

커피 전문점에서 문화 공간으로

우리는 언제부턴가 카페를 하나의 문화 공간으로 생각하기 시작했다. 동시에 커피를 단순한 음료가 아닌 대화의 수단, 때로는 선물의 수단으로 사용하고 있다. 커피에 대한 인식이 변화함에 따라 카페는 단순히 커피를 판매하는 것이 아닌 다양한 문화생활을 향유할 수 있는 공간으로 바뀌어 갔다. 그에 맞춰 카페에서 커피를 소비하는 기제 또한 발전하고 있다.

1999년, 이화여대 앞에 스타벅스 커피 제1호점이 개업했다. 당시에는 커피라고 하면 원두커피가 아닌 자판기 커피나 믹스커피를 더 쳐 주던 시대였기에 원두커피를 밖에서 사 마신다는 것은 생각하기 힘든 일이었다. 밥값보다 비싼 커피 값을 지불하며 카페에서 커피를 마시는 행위는 일부 부자 청년들만의 전유물이었으며, 지나친 사치라며 비판받기도 했다. 하지만 2016년 기준으로 우리나라의 스타벅스 점포 수가 세계에서 여섯 번째로 많으며, 한국인은 커피를 일주일에 12회 정도 마신다고 한다. 즉, 하루 1~2잔 정도의 커피를 매일 소비한다는 소리다.

카페는 다방 문화에서 출발했다. 해방 이후 다방 수는 계속 늘어났는데, 특히 1970년대 이후 다방이 서울을 비롯한 각 지방의 기차역이나 터미널 주변에 많이 들어서면서 기차나 버스를 기다리는 사람들에게 여유를 선물해주었다. 이때 처음으로 디제이(DJ)가 등장하면서 음악다방이 전성기를 이루게 된다. 1980년대가 되어서도 청년들의 다방 사랑은 변함이 없었으며, 이 공간은 민주화를 꿈꾸던 불타는 청춘들의 민주항쟁을 탄생시키게 해준 공간으로까지 진화했다. 하지만 90년대 커피 자판기의 보급과 고급스러운 커피 전문점의 증가로 인해 다방은 쇠락의 길을 맞이하게 되었다.

카페는 이제 하나의 문화 공간이다. 카페에서 스터디를 하거나 각종 모임을 하고, 또는 데이트를 하기도 한다. 카페가 문화 공간으로 자리 잡게 된 것은 고급 커피점이 생기면서 사람들이 점점 더 커피보단 커피 전문점의 '이미지'를 중시하게 된 까닭이다. 고급스러운 분위기의 커피 전문점은 그 당시 답답한 도서관의 풍경에서 벗어나고 싶어 하던 대학생들의 발걸음을 끌어당기기에 충분히 매력적이었다. 도서관에서처럼 숨소리를 죽여야 할 필요도 없으며, 남의 눈치를 보지 않아도 되는 편안한 분위기는 사람들을 끌어들였다. 이렇게 젊은이들을 중심으로 카페는 급속도로 발전하게 되었고, 이제는 카페에 앉아 노트북을 켜 놓고 과제를 하는 사람, 두꺼운 전공 서적을 펴놓고 공부하는 대학생, 밀린 업무를 하고 있는 직장인 등 다양한 사람들을 볼 수 있다. 게다가 커피와 함께 조용한 자리와 책을 제공하는 북카페, 아이들이 놀 수 있는 공간을 제공하는 키즈카페, 다양한 보드게임을 제공하는 보드게임카페 등 다양한 요소와 커피를 합친 문화 공간이 사람들에게 큰 사랑을 받고 있다. 단순한 커피 전문점을 넘어 문화 공간으로 재탄생하고 있는 카페에는 어떤 넛지가 숨어 있을까.

나는 오늘도 커피를 테이크아웃 한다

테이크아웃 음료의 구매율을 높이기 위해 많은 카페가 출근 시간이나 점심시간에 테이크아웃을 하면 할인을 해주는 제도를 시행하고 있다. 출근 시간이나 점심시간에만 할인하는 이유는 사람은 특정한 제한 시간을 부여했을 때 구매 행동에 더 관대해지는 경향이 있기 때문이다.

14시까지 테이크아웃 커피를 구매할 경우 구매 가격의 50%를 할인해준다는 문구를 보면 당신은 분명 이렇게 생각할 것이다.

A : 커피를 산다 = 50%를 할인받은 가격에 커피를 산다.

B : 커피를 사지 않는다 = 50% 할인받을 수 있는데 손해를 봤다.

제한 시간이 명시되면 사람들은 그 시간 내에 구매하지 못했을 때 손해를 봤다고 생각한다. 하지만 시각을 달리해서 A와 B를 보면 어떤 것이 손해인지 명백하게 알 수 있다.

A : 커피값 지출.

B : 아무런 비용도 지출되지 않음.

경제적으로 봤을 때는 B가 이득이다. 아무런 비용도 지출되지 않았기 때문이다. 하지만 사람은 합리적이고 경제적으로만 판단하기보다는 감정적으로 결론을 내리기 때문에 판매자의 넛지에 쉽게 휘말린다.

A : 커피를 싸게 마실 수 있으니 이득이야.

B : 커피를 싸게 마실 기회를 놓쳤으니 이득이 아니야.

위의 예시를 보면 알 수 있듯이 사람들은 결국 경제적 이득을 고려하기보단 구매에 있어 더 싸게 구매했는지에 대해 중시한다. 우리가 이렇게 생각하게 되는 이유는 특정한 시간에만 커피를 할인받아 살 수 있다는 것이 우리에게 희소가치를 부여하는 것이다. 결국 우리는 제한 시간이라는 넛지에 빠져 사지 않아도 되는 커피를 사게 된다.

재미있는 카페 메뉴판

카페에 가면 반드시 마주하게 되는 메뉴판에도 사실 넛지가 존재한다. 카페에서는 가장 많이 판매하고 싶고 가장 많이 주목시키고 싶은 메뉴를 맨 위에 적어 둔다. 이것은 사람들의 시선이 위에서 시작해 아래로 고정된다는 심리적 특성에 의해서다.

아메리카노 등 비교적 값이 싼 음료를 주력으로 삼아 판매하는 카페의 경우, 비싼 메뉴를 아래에 놓고, 상대적으로 가격이 싼 메뉴를 맨 위에 놓는다. 이렇게 메뉴를 배치하면 위에 놓인 메뉴의 가격이 비싸지 않다고 인식되어 고객은 구매에 대한 부담감을 덜게 된다. 반면에 고급 카페들은 아메리카노와 같은 저렴한 음료보다는 고가의 메뉴나 신제품을 가장 위에 배치하여 궁금증을 유발하고 소비로 이어지게끔 한다. 즉 메뉴판의 배치는 다분히 의도적이며, 카페의 특성에 따라 메뉴의 배치 또한 달라진다는 것을 알 수 있다. 다음과 같이 어느 시설을 이용할 수 있는 티켓이 있다고 가정해보자.

　　　일반권 : 1만 원

　　　보통권 : 2만 원

　　　프리미엄권 : 5만 원

　　상품의 순서가 낮은 가격부터 배열되는 경우, 시선이 처음으로 가는 맨 위의 항목 즉 일반권의 가격을 기준으로 삼아 구매를 고민하게 된다. 이처럼 낮은 가격을 기준으로 삼으면 일반권을 구매하거나 그보다 한 단계 높은 보통권을 많이 구매할 확률이 높다.

　　　프리미엄권 : 5만 원

　　　보통권 : 2만 원

　　　일반권 : 1만 원

　　반대로 비싼 가격이 먼저 배열되는 경우, 사람들은 일반권보다 보통권이나 프리미엄권을 더 많이 구매한다. 처음 보게 된 프리미엄권의 가격이 구매에 있어서 기준이 되는 가격으로 인식되며, 높은 가격을 먼저 보게 되면 낮은 가격의 상품은 오히려 만족할 만한 서비스를 제공하지 않는다는 생각을 주어 거부감을 갖게 되기 때문이다. 이렇듯 상품의 옵션 배열을 달리하는 것만으로도 소비자의 행동은 180도 달라진다.

나만의 메뉴를 만들다

스타벅스를 비롯한 카페 프랜차이즈에서는 최근 '나만의 메뉴'를 선보이고 있다. 이 서비스의 최대 장점은 보통의 음료와는 달리 고객의 선호도대로 단맛과 쓴맛 등을 조절해 내 입맛에 꼭 맞는 메뉴를 만들 수 있다는 것이다. 이 같은 서비스는 소비자에게 '소유 효과'를 발현시켜 자신이 만든 메뉴를 다른 메뉴보다 더 소중하게 생각하게 만들기 위해서다.

내가 나만의 메뉴에서 음료를 '공들여' 제작하면 그 음료에 더 큰 가치를 부여하게 되고, 비슷한 가격이라면 자신에게 더 큰 만족을 줄 수 있는 것을 선호하게 된다. 이처럼 특별한 가치를 부여하게 되면 그 음료를 한 번 먹고 끝내는 것이 아니라 이전의 만족감을 느끼기 위해서 같은 매장을 재방문하게 된다. 나만의 메뉴는 고객 스스로 특정한 메뉴를 지속적으로 소비하게 만드는 넛지인 것이다.

카페는 점점 진화하고 있다. 커피라는 음료를 선택적인 요소가 아닌 필수적인 생활 요소로 만들기 위해 카페는 다양한 넛지를 기획하여 실행하고, 우리는 그 넛지에 열광적으로 반응한다. 흐름의 변화에 따라가는 것도 좋지만 자기도 모르게 가격에 대한 기준이 바뀌어 불필요한 소비를 하고 있지는 않은지 생각해 볼 일이다. 합리적인 소비를 위해서는 더 많이 알아야 하고, 작은 것에도 귀를 기울일 필요가 있다.

5장

다양한 넛지를
이용하는 기업 마케팅

왜 레트로 열풍이 도래했을까?

얼마 전까지만 해도 촌스러움의 대명사였던 '나팔바지'는 소위 말하는 '패피패션에 관심이 많고 옷을 잘 입는 사람을 의미하는 말인 패션 피플의 줄임말'들에게 없어서는 안 될 패션 아이템이 되었다. 연예인의 화보나 일상 패션에서도 자주 등장하고, 거리를 지나다니다 보면 많은 사람이 입고 다니는 것을 볼 수 있다. 최근 대한민국은 '레트로 열풍'에 빠져 있다. 패션부터 음악·사진·영상까지 문화 전반에 레트로 감성이 퍼졌다.

추억에 대한 심리

유행은 돌고 돈다. 과거에 한때 유행했다가 새로운 문물에 밀려 역사의

뒤안길로 사라졌던 것들이 시간이 흐름에 따라 다시금 재조명받아 유행하고는 한다. 사람은 과거에 대해서 긍정적인 것만 기억하는 경향이 있다. 이는 일종의 자기방어 기제이다. 부정적인 기억만을 회상하면 우울증 등의 정신 질환을 겪을 수 있기 때문에 사람은 정신적 건강을 위해 무의식적으로 자신에게 유리한 것, 긍정적인 것들만 기억하는 심리적 왜곡을 일으킨다. 또한 사람은 상태 의존 학습을 하므로 무언가를 기억할 때 어떠한 상황이나 사실뿐만 아니라 감정 등도 함께 기억하게 된다. 그리하여 어렸을 적 일들을 회상하면 자연스레 긍정적인 정서에 물든다. 이 같은 효과가 있기에 어딘가로 도피하고 싶을 때 과거를 떠올리는 것만으로도 스트레스가 해소되는 것이다.

한 실험에 의하면 과거를 떠올릴 때 뇌를 촬영했더니 돈을 벌거나 지위가 높아질 때 활성화되는 부위의 뇌가 활성화되었다고 한다. 즉, 과거를 회상하는 일은 따뜻함, 안락함, 행복감과 같은 긍정적인 감정을 함께 불러일으킨다. 따라서 과거를 떠올리는 것은 우리에게 좋은 감정을 주는 것이다.

사실 과거의 향수를 유발하는 레트로복고는 기업이 사랑할 수밖에 없는 소재다. 단기간에 적은 투자로 브랜드 인지도와 광고 효과를 높일 수 있는 검증된 방법이기 때문이다. 인간은 변화를 싫어하며 현재의 모습, 상황이 그대로 유지되기를 바라는 심리가 내면에 깔려 있다. 이러한 현상을 현상 유지 편향이라고 한다. 사람에게는 좋고 싫음의 취향이 함께 존재한다. 사람들은 밥을 먹을 때 늘 다니던 식당에 가고 늘 시키는 메뉴를 주문한다. 새로운 모험을 시도하기보다는 변화로 인한 기회비용이 아깝다고 생각하기 때문이다.

추억은 이러한 면에서 현상 유지 편향의 모습을 가지고 있다. 사람들은 변화를 추구하기보다는 지나간 날을 떠올리며 기존에 있는 것들과 나에게 익숙한 것을 더 선호하게 된다. 따라서 당연하게도 추억을 소재로 한 제품은 신제품보다 더 큰 호응을 얻는다. 새로운 것을 시도하는 것을 사람들이 선호하지 않기 때문이다. 그렇다면 추억에 대한 향수를 불러일으키기 위해 어떤 전략을 사용하고 있을까?

일부러 기능 낮추기

레트로의 핵심 넛지는 '전략적 다운그레이드'다. 전략적 다운그레이드란, 소프트웨어나 하드웨어를 더 오래된 버전으로 되돌리는 것을 이야기한다. 끊임없이 기술이 발전하는 시대에서 옛날 버전으로 회귀를 한다는 것은 이해하기 힘든 일이지만 사람들의 추억을 되살리는 것으로 이익을 창출할 수 있다는 점 때문에 소프트웨어나 하드웨어에 많이 사용되고 있는 전략이다. 실제로 애플에서 출시했던 MP3 플레이어인 '아이팟 셔플'은 전 세계적으로 1억 대 이상이 팔린 히트작이다. 아이팟 셔플의 기능은 단순하다. 음악을 랜덤으로 재생시켜 주는 기능 외에는 없다. 어떤 음악을 들을지 선택할 수 없음에도 불구하고 음악 자체에만 집중할 수 있다는 특성 때문에 엄청난 흥행을 몰고 왔던 제품이다.

전략적 다운그레이드를 사용하는 단적인 이유를 보여주는 사례라 할 수 있을 것이다. 이 전략은 소비자들에게 그 당시의 추억을 환기해주는 기능을 한다. 예를 들어 아이팟 셔플은 사람들에게 '액정을 보지 않고 음악을 듣던 시대'를 환기시켜 준다. 과거를 환기하는 것은 사람들로 하여금 그 당시의 자신이 가지고 있던 '순수함', '변하지 않은 나 자신'을 떠올리는 계기가 되기 때문에 제품 구매에 대한 만족도가 오히려 높아지게 된다.

구닥, 레트로를 터뜨리다

일회용 필름 카메라는 디지털카메라의 보급 이후 그 수가 적어지면서 찾아보기 힘든 옛 문물이 되었지만, 2000년대 초까지만 해도 사용하는 사람들이 많았다. 그 당시 필름 카메라가 커버할 수 있는 사진의 숫자는 대략 20~25장으로, 디지털카메라로 치면 약 30mb의 작은 용량에 불과한 아주 적은 수량의 사진밖에 담을 수 없었다. 게다가 사진관에 인화를 맡겨 3일에서 5일 정도 기다린 후에나 사진을 받아볼 수 있었다. 디지털카메라처럼 찍은 후 바로 확인할 수 없는데다가 보정 기능도 없기에 사진은 너무 밝게 나오거나, 누군가 눈을 감은 상태로 찍혀도 다시 찍을 수가 없었다. 마음에 드는 사진 한 장을 얻기 위해 스마트폰으로 셀카촬영자 스스로가 피사체가 되어 촬영하는 것, 셀프 카메라의 줄임를 수백 장 이상 찍는 시대를 살아가는 사람들에게 필름 카메라만을 사용하라고 하면 버티지 못하는 이들이 꽤 있을 것이다.

이러한 흐름에 역행한 것이 바로 '구닥Gudak'이다. 구닥에서 만든 구닥캠은 필름 카메라 콘셉트를 거의 그대로 구현한 애플리케이션으로 촬영한 사진을 확인하는 데 무려 3일이나 걸린다. 그들은 기존의 사진 보정 애플리케이션처럼 제품의 기능에 무엇인가를 강조하는 것은 차별화가 어렵다고 판단했으며, 사진을 찍는 행위 자체에 가치를 두기 바라는 마음에서 '필름 카메라'를 오마주로 한 애플리케이션을 만들기로 결심한다. 하지만 사람들에게 '필름 카메라를 쓰시고 추억을 남겨 보세요'라고 지시할 수는 없는 일이었다.

합리적인 사람이라면 사용하기 불편한 24장짜리 필름 카메라를 구현한 애플리케이션보다는 보정하는 도구가 많은 애플리케이션을 더 선호할 것이기 때문이다. 스마트폰 카메라가 대세가 된 마당에 시대를 역행하라고 이야기하는 건 꽤 무모한 일이고, 실패의 가능성이 매우 높은 전략이었다. 구닥은 사람들이 단순하게 사진을 찍어서 옛날 필름 스타일로 보정을 한 사진에 전혀 감흥이 느끼지 못한다 점을 발견했다. 보정을 하면 좋은 사진을 빠르게 얻을 수 있지만, 좋은 사진을 얻었다는 감정은 길어야 5분 뒤면 사라져버리기 때문이었다.

구닥은 감정, 그리고 추억을 그리워하는 마음을 극대화하기 위해 필름 카메라 기능을 구현했고, 결정적으로 추억을 되살리기 위해 사진을 확인하는 데 '3일'이라는 시간을 두었다. 그들이 3일의 시간을 설정해둔 이유는 아주 단순했다. 과거의 사진관에서 인화하는 데 걸리는 시간이 3일 정도였기 때문이다. 사람들이 과거를 환기하고 추억을 소환함으로써 구닥에 만족감을 느끼고 열성적인 고객이 되길 바랐고, 그들의 전략대로 사람들은 큰 만족감을 느끼면서 제품을 스스로 알리기 시작했다. 구닥은 '필름카메라의 추억이 스마트폰 카메라보다 좋아요. 한 번 써보세요'라는 말 한마디 하지 않았지만 옛 추억을 되새길 수 있는 3일이라는 시간을 설정함으로써 사람들이 자연스럽게 구닥캠에 접근하게 한 것이다.

사람은 자신이 합리적으로 판단한다고 생각하지만 보이지 않는 편향

속에서 때로는 합리성과 거리가 먼 결정을 한다. 추억을 이용한 넛지가 우리에게 어떤 영향을 미치는지 알아보았듯이 우리의 선택이 항상 합리성에 기반하는 것은 아니며 때로는 감성에 치우친 선택을 한다는 것을 명확히 인지해야 한다.

2

신메뉴의 참을 수 없는 유혹

　오랜만에 햄버거를 먹으러 패스트푸드점에 갔다. 주문을 하기 위해 메뉴를 살펴보니, 새로운 메뉴가 출시 기념 할인을 하고 있어 내가 원래 사려던 햄버거의 단품과 비슷한 가격으로 판매하고 있었다. 저렴한 가격을 보자 없었던 모험심이 생기고 괜히 맛있어 보이기 시작해서 고민 끝에 신메뉴를 샀다.

손실 회피 심리와 소유 효과

패스트푸드점뿐만이 아니라 많은 음식점에서 신메뉴가 나왔을 때 프로모션 이벤트를 진행한다. 어느 곳은 50% 할인을 하기도 하고, 어느 곳은 기프티콘을 무료로 고객에게 제공하기도 한다. 또 어느 곳은 음식을 사면 부가적으로 디저트를 얹어 주기도 한다. 기업이 우리에게 호의를 베푸는 것은 고객을 위한 자선사업일까?

그들이 신제품을 제 가격이 아닌 할인된 가격으로 판매하는 이유는 사실 '얼리 어답터early adapter, 남들보다 먼저 신제품을 사서 써보는 사람'를 끌어들이려는 넛지 전략이다. 기업이 얼리 어답터를 끌어들이려는 것은 그들의 힘이 생각보다 강력하며, 새로운 제품과 서비스에 대해 과거보다 더 많은 영향력을 행사할 수 있는 환경이 구축되었기 때문이다. 따라서 기업은 신메뉴를 빌미로 더 많은 것을 얻기 위해 다양한 프로모션을 기획한다. 그 프로모션 속 진짜 숨겨진 비밀은 무엇일까?

대부분의 사람은 불확실한 모험을 기피한다. 특히 그 모험이 당신이 사용하는 돈과 관련되어 있다면 더더욱 그렇다. 사람들은 왜 불확실한 모험을 기피하는 것일까? 사람은 '얻는 것과 잃는 것'이 있을 때, 잃는 것에 대해 더 많은 의미를 부여하고 더 좋지 않게 생각하기 때문이다. 즉, 이익보다는 손실에 더 민감하게 반응한다는 것이다. 이를 행동경제학 용어로는 '손실 회피 심리'라고 한다. 손실 회피 심리에 대한 대표적인 실험으로 '머그잔 실험'이 있다.

사람들에게 한 머그잔을 보여주면서 만약에 자신이 이 머그잔을 구매한다면 얼마에 구매할 것인지 가격을 매겨 보라고 했다. 그리고 나서 머그잔을 공짜로 나눠 준 후, 만약 머그잔을 다른 사람에게 판매한다면 얼마에 판매할 의향이 있는지 물어봤다. 실험 결과, 사람들은 머그잔을 가지고 있지 않을 때보다 머그잔을 가지고 있을 때의 머그잔의 가치를 더 높게 평가했다. 이처럼 동일한 물건이라도 자신이 소유한 것에 대해서 더 높은 가치를 부여하는 습성을 '소유 효과'라고 한다. 다시 돌아가 이 실험을 '손실 회피'의 입장에서 해석한다면, 사람들은 머그잔을 얻는 '이익'보다, 머그잔을 팔아 머그잔이 사라지는 '손실'을 더 중요하게 생각하며, 이익보다 손실에 대한 가치가 더 높다고 판단한다. 이에 따라 머그잔을 구매하는 가격이 머그잔을 구매하고 다시 판매하는 가격보다 낮게 되는 것이다. 또 하나의 실험은 '동전 게임 실험'이다. 실험은 다음과 같다. 길거리에서 사람들을 붙잡고 1만 원을 준다. 그리고 '이기면 1만 원을 더 주고, 지면 주었던 1만 원을 뺏는' 50% 확률의 동전 게임을 제안한다. 그리고 게임을 약간 비틀어서 처음부터 2만 원을 주고, 주자마자 다시 1만 원을 뺏으면서 상대방에게 "2만 원은 당신 것이지만 2만 원을 모두 가지려면 나랑 동전 게임을 해야 합니다. 동전 게임에서 이기면 당신은 2만 원을 가지는 것이고, 진다면 2만 원을 모두 잃게 됩니다"라고 제안을 한다.

두 가지 상황에서 당신이 게임에 참여했을 때 1만 원을 받는다는 점은 동일했다. 하지만 손실에 대해 더 많은 내용을 강조했을 때(이기면 2

만 원을 가지고, 진다면 2만 원을 모두 잃는다) 사람들은 더 많이 게임에 참여하는 경향을 보였다. 반대로 첫 번째의 경우, 받은 1만 원에 만족하고 가던 길을 갔다. 결국 사람들은 이익보다 손실에 대해 더욱 민감하며, 때때론 똑같은 상황에서도 손실을 강조하면 더 많은 마케팅 효과를 볼 수 있다는 것을 의미하기도 한다. 이는 '제한 시간'에서도 나타난다.

A : 월요일에 할인합니다.

B : 오늘 구매 안 하면 후회합니다.

A와 B의 문구에서, 당신에게 소비를 해야 한다고 자극하는 문구는 A인가, B인가? 대부분의 사람이 물건을 구매하지 않아 생기는 후회손실를 회피하고자 소비를 선택하게 되며 이는 곧 매출로 직결된다. 결국 사람들에게 손실을 강조하는 것은 제품 판매에 있어 엄청난 효과를 발휘할 수 있는 것이다.

100% 손실 〈 50% 손실

100% 이익 〉 50% 이익

만약 불가피하게 당신이 손실을 얻어야만 하는 상황이라면, 당신은 어떻게 행동하겠는가? 당연히 손실을 보더라도 가장 최소로 하고자 노력할 것이다. 예를 들어 당신이 늘 먹던 짜장면을 먹을 수 없어 새로운 메뉴를 선택할 때, 두 가지 경우의 수가 있다고 가정해 보자.

A : 이 집에서 맛없기로 소문난 짬뽕

B : 사람들마다 호불호가 갈리는 볶음밥

당신은 무엇을 선택하겠는가? 당연히 호불호가 갈리는 볶음밥을 선택할 것이다. 물론 볶음밥이 맛이 없을 수도 있어 짬뽕을 선택한 사람이 더 이득을 보는 상황도 존재하겠지만, 사람들은 확실하게 맛없는 짬뽕보다는 차라리 맛있을 여지가 있는 볶음밥을 선택한다. 이는 사람들이 손실의 상황에서는 확실한 손실보다는 불확실한 희망에 모든 것을 거는 경향이 있다는 것이다. 그렇다면 확실한 이익이 있을 경우에는 어떨까? 확실한 이익이 있을 경우 불확실한 이익보다 확실한 이익을 선호하는 경향을 보인다.

A : 상금 200만 원을 50%의 확률로 선택할 수 있으며, 당첨되지 않을 시 상금을 회수할 수 없다.

B : 상금 100만 원을 100%의 확률로 선택할 수 있다.

두 가지 상황의 경우, 앞서 사람들이 100% 손실을 회피하는 것과 달리 이익의 확률이 100%일 경우, 사람들은 상금이 더 많음에도 불구하고 100%의 경우의 수를 선호한다. 사람들이 100%를 선호하는 이유는 그 확률이 '100%', 즉 확실하기 때문이다. 이렇듯 사람들은 불확실한 이익을 기피하고, 확실한 손실을 기피하는 경향을 보인다. 하지만 불확실한 이익에 인센티브가 존재하는 경우, 사람들의 행동은 또다시 바뀔 가능성이 높다.

인센티브에 반응하는 사람들

사람들은 인센티브를 선호하며, 인센티브에 따라 사람들의 행동이 달라질 수 있다. 이해를 돕기 위해 편의점 도시락으로 예를 들어 보겠다.

당신에게는 지금 4천 원이 있다. 이 돈으로 당신은 편의점 도시락을 하나 구매해야 한다. 가격이 똑같을 때 구매 시 주어지는 물건은 다음과 같다.

A : 내가 원래 좋아하는 도시락(만족감 100)

B : 신메뉴(만족감 알 수 없음)

인센티브가 없는 상황에서 100명에게 설문 조사를 한 결과, 이때 모험적인 성향을 가진 사람들을 제외한, 100명 중 76명이 A 도시락을 선택했다. 즉 똑같은 가격일 때에는 자신이 경험해서 만족도를 느꼈던 것을 더 선호하고 선택할 확률이 높다는 것이다.

그렇다면 다음 두 항목을 보자. 참고로 당신은 사이다를 구매할 의사는 없었던 상황이다.

A : 내가 원래 좋아하는 도시락 + 인센티브 없음(만족감 100)

B : 신메뉴 + 사이다 250mL 1개(만족감 알 수 없음)

동일한 가격이라고 했을 때, 주관적인 효용 측면에서 봤을 땐 사실 A 도시락을 선택하는 게 더 낫다. 왜냐면 앞서 봤듯 사람들은 불확실한 이익이라는 요소를 굉장히 기피하기 때문이다. 특히 도시락을 구매하는 것은 좋든 나쁘든 그에 맞는 대가가 요구되는 행위이다. B 도시락은 사실 음료수가 주어지는 것을 제외하고는 선호도에 대해선 아직 검증이 되지 않지 않았는가! 그런데 선택의 결과는 오히려 B가 높았다. 설문 조사에 따르면 100명 중 68명이 B를 선택했다. 만약 B를 선택한 사람들이 앞선 질문에서 B를 선택했던 것을 그대로 유지했다면, 무려 44명이 A에서 B로 선택을 변경했음을 알 수 있다. 도시락은 바뀌지 않았으며 주어진 조건도 동일하다. 다만 인센티브가 부가적으로 주어졌을 뿐이다. 그런데 왜 대부분의 사람이 기존의 선택을 바꾸게 된 것일까? 이는 물건을 구매할 때 인센티브가 주어지면 주관적 만족감보다 '가격'이라는 요소를 우선시하게 되기 때문이다. 다시 A와 B의 옵션을 가격을 통해 비교해 보자.

A : 내가 원래 좋아하는 도시락 + 인센티브 없음(4천 원)
B : 신메뉴 + 사이다 250mL 1개(4천 원 + 1천 200원 = 5천 200원)

A를 사든 B를 사든, 4천 원이라는 똑같은 돈을 지불한다면 B를 선택했을 때 더 많은 것을 얻을 수 있다고 느끼게 된다. 앞서 인센티브가 주어지지 않을 때는 원래 먹던 것을 선택했는데 인센티브가 주어지자 자신의 경험보다는 인센티브로 인해 가성비가 커진 항목을 선택한 것을 당신은 알고 있다. 이처럼 인센티브를 함께 고려하게 되면 이야기가 달라진다.

A : 그냥 똑같은 거 먹어야지.
B : 새로운 메뉴가 나왔네? 근데 4천 원을 내면 5천 200원의 가격으로 도시락을 먹을 수 있는 거 아냐! 음… 원래 사이다를 먹을 생각은 없

었는데 왠지 저게 더 이득일 거 같아! 이번에는 인센티브가 있는 B 도시락을 구매해야겠어.

결론적으로 인센티브가 주어지면 선택의 기준이 주관적인 경험이 아닌 객관적인 가격으로 변한다. 인센티브가 주어질 때, 상대적으로 기존의 옵션과 인센티브가 붙은 옵션을 비교하게 하여 인센티브가 붙은 옵션이 더 좋아 보이도록 하는 상황을 만드는 기능을 하기 때문이다. 점점 가성비를 따지는 최근의 흐름으로 봤을 때 사람들에게 인센티브는 자신이 지출하는 동일한 금액으로 높은 가성비를 얻을 수 있는 최적의 수단인 것이다.

음식점에서는 신메뉴가 개발될 때마다 다양한 인센티브 전략을 구축하는데, 다음은 신메뉴가 나왔을 때 어떤 인센티브가 붙게 되며, 그 과정에서 기업이 고객에게 어떤 선택을 유도하는지 분석한 내용이다.

① 1+1 전략

하나의 제품을 구매하면, 하나의 똑같은 제품을 주는 전략이다. 다시 말해 하나의 제품을 구매하면 똑같은 제품을 '인센티브'로 제공하는 것인데, 2+1, 3+1 등으로 통용된다. 소비자가 해당 제품을 볼 때, 해당 제품의 반값으로 제품을 구매할 수 있어 이익이라는 반응을 보이고 상대적 만족감을 얻으며 구매할 수 있다. 기업의 입장에서 새로운 제품은 리스크가 높기 때문에 인센티브를 제공함으로써 사람들이 좀 더 합리적으로 제품을 구매하도록 유도하는 전략이다.

② 세트업 전략

제품을 구매하면 제품에 부가적으로 필요한 옵션들을 넣는 것으로, 사람들이 제품 자체보다 옵션을 함께 구매하여 이익을 보는 것처럼 느끼게 하여 구매를 유도하는 전략이다. 음식점, 특히 패스트푸드점에서 신제품이 나올 때 자주 쓰이는 방식이며, 자동차 등에서도 옵션을 부착할 때 자주 쓰이는 전략이다.

③ 할인 전략

앞서 제시한 세트업 전략과 반대의 경우로, 세트를 단품 가격으로 할인하는 전략으로 실질적인 할인 금액을 소비자에게 말해줌으로써 소비자들이 상대적으로 똑똑하고 합리적으로 제품을 구매했다고 생각하게 만드는 전략이다.

이외에도 다양한 전략이 있지만, 기업에서 보통 인센티브를 넣는 프로모션을 진행할 때에는 이 세 가지 방법 중 하나를 택한다. 기업의 입장에서, 새로운 메뉴에 인센티브를 붙이는 것은 전혀 나쁠 것이 없다. 새로운 메뉴의 리스크가 다른 제품보다 높은 상태에서, 이름도 알려지지 않고 판매되지 않는 것보단 비난을 받더라도 시장에 등장하는 것이 판매하는 입장에선 절실했기 때문이다. 즉, 기업은 인센티브 제도를 통해 효과적으로 시장조사를 하는 동시에 소비자들에게 가격 면에서 만족도를 높여 소비자들이 느끼는 손실을 최소화하는 전략이라고 할 수 있다.

기업은 자선단체가 아니다. 그들이 제안하는 이벤트는 당신에게 혜택을 주는 것이 아니라, 철저하게 자신의 이익을 위해서 소비자의 일정한 시간, 일정한 공간에서 더 많이 소비하도록 유도하는 넛지 전략이라는 것을 기억하고 소비에 임하라.

모바일 게임 마케팅의 꽃, 사전 예약!

지하철에 앉아 핸드폰으로 이런저런 소식을 확인하는 와중, 인터넷 광고 창에 '사전 예약 시 100% 캐시 아이템 지급!'이라는 게임 사전 예약 안내창이 뜬다. 새로 나올 게임인가 싶어 들어가 보니, 꽤 재미있겠다는 생각이 든다. 나도 모르게 사전 예약을 위해 핸드폰 번호를 입력하고 인증번호를 받은 뒤, 마케팅 수신 동의를 하고 메시지를 보낸다. 곧 나올 게임 생각에 두근거리는 마음을 다잡으며 다시 핸드폰을 켜고 다른 일을 한다.

'지금까지 이런 게임은 없었다!' 게임회사가 게임을 출시할 때, 꼭 넣는 메시지다. 수많은 사람이 사전 예약을 하도록 안내하고, 사전 예약을 하면 다양한 경품을 100% 지급한다고 광고한다. 게임뿐만 아니라 다양한 기업에서 신제품을 출시할 때, 사전 예약이라는 제도를 효과적으로 활용한다. 이런 광고들이 똑같은 패턴으로 수없이 나와 지겨움을 느낄 법도 하지만 사람들은 다시 예약 버튼을 누른다.

사실 이용자의 입장에서는 사전 예약을 '밑져야 본전'이라는 생각으로 한다. 휴대폰 번호 몇 줄 적고 동의 체크만 하면 끝나기 때문이다. 하지만 기업의 입장에서, 사전 예약은 그 제품이나 서비스의 향방을 가늠할 수 있으며 추후 유저들에게 구매로 전환을 유도할 때 필요한 지표 중 하나이기 때문이다. 그 지표를 효과적으로 채우기 위해 기업은 사람들이 좋아할 만한 넛지를 내세우며 소비자들을 유혹한다. 우리는 어떻게 사전 예약을 하게 되며, 검증되지 않은 것에 대해 기대하게 되는 것일까?

사전 예약의 본질 : 초기 이용자 확보

제품의 생애주기에 의하면, 제품을 구매하는 이들은 보통 다섯 단계로 나타나게 되는데, 제품을 처음 개시했을 때 제일 중요한 것은 2.5%의 '혁신자innovator'와 13.5%의 '얼리 어답터'를 확보하는 것이다. 약 16%를 차지하는 혁신자와 얼리 어답터들은 처음 나온 제품이나 서비스를 이용한 뒤에 후기를 남기고, 입소문viral을 내어 나머지

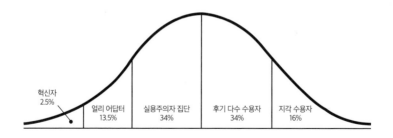

혁신자
2.5%

얼리 어답터
13.5%

실용주의자 집단
34%

후기 다수 수용자
34%

지각 수용자
16%

84%의 고객들이 제품이나 서비스를 이용했을 때 준거점으로 삼을 수 있는 결정적인 사람들이다. 즉, 초기에 소비자들을 잘 설득하지 못하면 절대 성공할 수 없는 모델이라고 봐도 무방한 것이다. 초기 이용자들이 많을수록, 그리고 좋은 이야기를 할수록 제품과 서비스에는 더할 나위가 없으며, 바이럴 마케팅까지 저절로 될 수 있다.

사전 예약제의 본질은 바로 초기 이용자인 혁신자를 최대한 많이 확보하는 것이다. 실제로 혁신자라는 고객층은 과거보다 현재에 더 큰 영향력을 발휘하고 있는데, 제품이나 서비스를 이용하고 그 경험을 후기로 올리는 과정만큼 중요한 홍보 수단이 없기 때문이다. 그들이 과거보다 한층 더 강력해진 가장 큰 원인은 바로 소셜 미디어에 있다.

가장 단적인 예시로 영화가 개봉하기 전 진행되는 시사회를 들어보자. 과거보다 시사회에서 영화를 본 고객들이 남기는 평론은 이후 영화를 소비하게 되는 모든 사람에게 매우 큰 영향을 끼친다. 실제로 2018

년, SNS에서 호평을 얻었던 《택시운전사》는 관객 동원 수 1천 200만이라는 쾌거를 거두었다. 반면에 SNS에서 초기부터 혹평을 받은 《리얼》은 손익 분기점의 14.2%에 머물러, 제작사는 약 100억 원의 손실을 보았다.

혁신자가 제품이나 서비스를 소비한 뒤 남기는 후기나 글은 모바일이나 인터넷이 발달하지 않았던 과거보다 더 빠르고 광범위하게 퍼지고, 그만큼 커다란 영향을 끼친다. 소비자들의 인식 또한 혁신자라는 고객층을 위한 커뮤니티 활동을 긍정적으로 받아들이게 되었다. 후기의 긍정성과 부정성에 따라 그 제품이나 서비스의 결과물, 즉 매출이 달라지기 때문에 기업은 가장 먼저 제품을 사용하는 이들의 피드백에 귀를 기울이고 이를 개선하기 위해 노력한다. 이는 소비 권력의 구조가 점점 소비자에게로 옮겨 가는 분위기가 형성되고 있음을 보여준다.

혁신자라는 고객군은 과거보다 더 많은 영향을 발휘하고 있으며 앞으로도 그럴 것이다. 하지만 게임 시장에서 초기 이용자들을 끌어들이기 위해 무턱대고 좋은 게임이라고 홍보하는 것은 무리가 있었으며 광고 효과를 볼 수도 없었다. 게임업의 특성상 고객들이 게임에 몰입되지 않는다고 판단되거나, 자신이 관심 있는 장르가 아니라면 더더욱 그 편식은 심해졌다. 심지어 게임 시장은 제품이 빠르게 나오고 시간이 지나면 아무도 모르게 사양되는 곳이기에 초기 이용자인 혁신자를 끌어들이고 그들에게 좋은 후기를 유도하기는 쉽지 않았다. 게임회사는 긴 고뇌 끝에 단순하게 게임을 홍보하고 알리는 것에 돈을 쓰기보다는 초기 이용자인 혁신자에게 게임상에서 '조금 더 앞서갈 수 있는 인센티브'를 제시하는 것이 더 나을 것이라는 판단을 하게 되었다.

밑져야 본전

사람들이 확실한 이익을 더 선호한다는 심리적 특성을 파악하여, 인센티브의 지급 확률을 '100%'로 하여 사람들이 쉽게 게임을 예약할 수 있도록 유도했다. 보다 쉽게 이해할 수 있도록 예를 하나 들어보자. 사전 예약 사이트에서 아래와 같은 두 가지 문구를 동시에 봤다고 가정하자.

> A : 예약 시 50% 확률로 캐시 아이템 지급
>
> B : 예약 시 전원에게 캐시 아이템 지급

당신은 A 문구에 있는 게임보다 B에 있는 게임을 사전 예약할 확률이 높다. 왜냐하면 B에서는 이용자들에게 '100% 확실한 이익'을 명시했기 때문이다. 똑같은 상황에서 똑같은 시간을 사용해야 한다면, 사람들은 자신에게 확실한 이익을 가져다주는 옵션을 선호한다는 것을 알 수 있는 대목이다.

혁신자는 사실 매우 바쁜 사람들이다. 수많은 정보 속에서 다른 선택지를 자유롭게 넘나들며 순식간에 게임의 팬이 될 수도 있고, 게임의 안티팬이 될 수도 있는 사람들이다. 그러한 사람들이기에 만약 복잡한 과정으로 거쳐 사전 예약을 해야 한다면, 어느 누구도 재미가 보장되지 않는 게임을 소비하기 위해 사전 예약을 하지 않을 것이다. 혁신자들에게 '밑져야 본전'이라는 인식을 주기 위해, 게임 회사는 사전 예약의 과정을 '휴대폰 번호 입력 → 마케팅 및 개인정보 동의'로 간소화한다. 커다란 물질적 보상이 있지 않은 이상 사람들에게 복잡한 과정을 겪게 하는 것은 제품이나 서비스에 대해 좋지 않은 감정을 품게 할 수 있기 때문이다. 그렇기에 게임업체들은 사전 예약에 드는 절차를 최소화하여 사전 예약을 하는 소비자가 '눈 하나 깜짝 안 하고 캐시 아이템을 얻어 남보다 한발 앞서게 되었어'라고 만족하게 만든다. 실제로는 모든 사람에게 지급되는 이벤트임에도 불구하고 말이다.

당신이 사실 사전 예약을 할 때는 게임의 질과 양을 따지는 것이 아니라 사실은 인센티브를 보고 우선 밑져야 본전이라는 마음으로 사전 예약 버튼을 누르는 경우가 많다. 이러한 경우 게임에 대한 집중도와 기대감은 생각보다 높지 않으며, 기억하더라도 세부적인 것까지 기억하지 못할 가능성이 높다. 인간은 보통 자신이 원하는 것만 선택적으로 기억하는 경향이 있기 때문이다.

에빙하우스의 망각곡선에 의하면, 사람들은 일반적으로 기억을 한 순간으로부터 1주일에서 한 달 사이, 전체 기억의 약 20%밖에 기억을 하지 못한다고 한다. 망각곡선이 증명하듯 인간의 기억력이 그렇게 좋지 않기 때문에 해당 게임에 깊은 관심을 가지고 사전 예약을 한 경우가 아니라면 사람들은 자신이 사전 예약을 했다는 것을 금세 잊어버리게 된다. 그래서 알림 문자 등을 통해 사전 예약을 했던 사실을 상기시킬 필요가 있다. 알림 문자는 잊혀 가는 사전 예약을 다시 떠올리게 하는 데 매우 효과적이며 인센티브를 상기시켜 다운로드를 하도록 유도한다. 사전 예약의 과정 자체가 어떻게 보면 게임회사들이 게임을 성공시키기 위해 진행하는 넛지 전략 그 자체라고도 볼 수 있을 것이다.

알림 문자는 기억 장치의 기능뿐만 아니라 게임의 사전 예약을 하지 않은 사람들과 비교했을 때 자신이 게임상에서 더 유리한 위치에 서 있다고 생각하게 만들며, 게임의 진성 유저가 되게끔 한다. 즉, 알림 문자를 받게 되면 단순히 게임을 다운로드 하는 것이 아니라, 잊고 있었던 인센티브를 받을 때의 기쁨을 느껴 게임에 대해 더 애착을 가질 가능성이 커진다. 게다가 게임의 질이 좋을 경우 사람들은 자발적으로 게임에 대해 좋은 후기를 남기게 되며, 사전 예약을 하지 않았던 사람들도 그 후기를 보고 게임을 다운로드 하는 긍정적인 상황으로 이어지는 것이다.

인센티브와 알림 문자 두 개만으로도 게임 회사는 고정된 유저를 유입시키는 데 성공했다. 보상이 확실하며 얻는 과정 또한 너무나도 쉬운 옵션을 마다할 사람은 단언컨대 아무도 없기 때문이다. 게임업계에서 이제는 이러한 과정이 혁신적인 방법이 아니라 반드시 해야 할 과정 중 하나가 되었다. 손해를 싫어하는 사람의 심리와 다시금 시선을 집중시키는 전략을 조합하여 다운로드를 유도하고, 거기에서 비롯되는 부가적인 수익을 올리는 넛지 전략이다.

중요한 것은 사전 예약을 하지 않았다고 해서 큰 손해를 보진 않는다는 것이다. 다시 말해 사전 예약을 하지 않으면 당장의 손해가 발생하긴 하겠지만, 그것이 당신이 삶을 살아가는 본질적인 면에서 그렇게 크게 중요하지 않다는 것이다. 어쩌면 우리는 그렇게 많지 않은 인센티브, 누구나 줄 수 있는 인센티브에 잠시 시야가 흐려져 필요하지도 않은 게임을 다운로드 하고 있지는 않을까?

우리는 어느샌가 게임을 다운로드받고, 때로는 즐기며, 게임 속 서비스를 구매하기도 한다. 그것이 치밀한 선택 설계에 따라 행동하게 된 것이라면, 사전 예약이라는 제도에 대해 다시금 생각해볼 필요성이 있을 것이다.

나는 ○○ 멤버십 회원이다

멤버십membership은 특정 단체의 구성원임을 입증하는 것으로, 우리는 흔히 대부분 특정 회원사의 회원일 때 누릴 수 있는 혜택으로 인식하는 단어다. 멤버십 제도는 집단에 속한 사람들의 신분이나 지위를 확인해주거나 자긍심을 심어 소속감을 가지게 만드는 한 방법이다. 현대에 들어서서 멤버십 제도는 더 체계화되었고 소비자들의 특정 소비를 유도하는 넛지로 교묘하게 사용되고 있다.

멤버십의 진화 : 소속감을 통한 특정 제품 소비 유도

멤버십은 '소속감 고취'와 깊은 관련이 있다. 서비스를 지속적으로 이용한 고객에게 인센티브를 제공할 때, 고객들은 서비스나 제품, 브랜드에 소속감을 가지게 되어 계속해서 같은 서비스를 이용하게 된다. 예를 들어 당신이 A라는 상점에서 물건을 자주 구매한다고 가정해 보자. 어느 날 A라는 상점이 당신이 물건을 구매할 때 사은품을 제공하거나 구매 금의 일부를 쿠폰이나 적립금으로 제공한다면 당신이 A라는 상점을 이용할 가능성은 더 커진다. 똑같은 가격이라면 내가 사용했던 것을 계속 사용하려는 심리인 현상 유지 편향을 이용한 넛지이다.

멤버십 서비스는 신용카드가 본격적으로 사용되기 시작한 2000년 대 초·중반에 활성화됐다. 서비스 초창기에 서로 더 많은 고객을 모집하기 위해 경쟁상들이 출혈을 감수한 멤버십 정책을 펼쳤다. 유명 멤버십 이름으로 인터넷에 검색해 보면 '○○ 멤버스 탈퇴 방법' 같은 연관 검색어들이 나오는데, 멤버십의 약관은 제대로 살펴보지도 않은 채 혜택만 보고 가입하거나 강한 권유에 반강제로 가입한 사람들이 뒤늦게 탈퇴하려는 것이다. 멤버십 초기에는 제도가 확립되지 않아 너무 많은 것들이 수시로 변경되면서 고객들이 어려움을 겪었다. 하지만 스마트폰이 등장하게 되고 핀테크가 발전하면서 흩어져 있는 계열사 포인트들을 통합하고 금융 서비스와 생활 서비스를 연계하는 방법을 내세움으로써 멤버십은 다양하게 이용되고 있다.

멤버십 제도는 여러 업체와의 제휴를 통해 특정 제품을 소비하도록 유도하는 역할을 수행하기도 한다. 만약 멤버십에서 제공하는 특정 할인 제도가 있다면 멤버십을 소유한 고객들이 그 제품을 소비할 수 가능성이 높아지기 때문이다. A라는 통신사에서 '멤버십 포인트로 S 커피를 살 수 있다'고 할 때, 멤버십을 소유한 고객들은 다른 커피를 사기보다는 S 커피를 살 확률이 높아질 것이다.

여기서 중요한 것은 멤버십 포인트를 사람들이 '사용'해야만 멤버십 포인트가 가지고 있는 당위성을 제대로 드러낼 수 있다는 것이다. 그렇다면 멤버십을 운용하는 기업들은 고객이 멤버십 포인트를 사용하게 만들기 위해 어떤 넛지를 심어두었을까?

등급제 : 높은 곳으로 가고 싶어 하는 사람들

멤버십 제도에는 '등급제'가 존재한다. 즉, 구매 횟수나 구매 금액에 따라 차등적으로 멤버십 고객을 구분하는 것이다. 그렇다면 등급제가 소비의 측면에서 어떤 의미를 가지고 있을까? 이는 간단하다. 고객 혜택을 받기 위해 특정 금액이나 특정 구매 횟수를 충족하도록 만드는 것이다.

멤버십 제도는 상대적 제도가 아니다. 누군가가 나보다 더 많이 구매한다고 해서 내 순위나 등급이 떨어지는 것은 아니라는 것이다. 만일 멤버십에 가입한 고객이 10만 명이라면, 이 10만 명의 대부분이 VIP일 수도 있고, 이들 중 누구도 VIP가 아닐 수 있다. 하지만 특정 구매 횟수에 등급을 두면 사람은 더 많은 인센티브와 혜택을 얻고 싶어 하게 되고, 더 높은 등급에 오르고자 하는 욕구는 소비로 이어진다. 결국 등급제는 더 나은 것, 더 높은 곳에 이르고 싶어 하는 인간의 본능적인 욕구를 이용하는 마케팅 전략이다. 기업은 사람들의 본능을 강하게 자극하기 위해 높은 등급의 색깔을 금색이나 다이아몬드와 같은 부유함을 상징하는 것으로 설정하고, VIP나 Gold 같이 고급스러운 단어를 활용하여 흥미를 일으킨다. 사실 VIP가 아니더라도 사는 데에는 아무런 지장이 없는데 말이다.

포인트 지급 : 대량의 포인트를 한 번에 지급하는 이유

멤버십 회원들은 해당 기업이 제공하는 멤버십 포인트의 59.4%를 사용하지 못한다고 한다. 기업은 왜 우리에게 사용하지도 못하는 포인트를 이렇게 많이 지급하는 것일까? 이는 무료로 더 많은 금액혹은 포인트을 제공할수록 그것을 최대한 많이 소비하려고 하는 사람들의 심리를 이용하기 위해서다. 사람은 '무료'로 받은 금액을 '인센티브'라고 판단하여 최대한 많이 소비하려고 하며, 그 금액이 커질수록 '아껴야 한다'는 생각이 줄어들기 때문에 소비를 촉진할 수 있다. 여기 상품권을 무료로 받은 두 사람이 있다.

A : 1만 원짜리 상품권을 받은 사람

B : 10만 원짜리 상품권을 받은 사람

A와 B에게 12만 원짜리 가방을 구매하라고 가정할 때, 둘 중에서 누가 가방을 구매할 확률이 높을까? 물어볼 필요도 없이 B이다. B는 상품권을 받은 순간 '2만원만 내면 되겠네'라는 생각을 하게 되면서 12만 원짜리 물건을 구매하는 데 더 주저 없는 모습을 보일 것이다. 반면에 A는 상품권으로 받은 액수보다 훨씬 큰 금액을 자신이 부담해야 하므로 가방을 구매하지 않으려 할 것이다. 이러한 심리를 이용하기 위해 기업은 소비자가 실제로 소비하는 양보다 더 많은 포인트를 제공한다.

제한 시간으로 희소성 부여하기

멤버십 포인트의 가장 큰 특징 중 하나는 '사용 기한'이 있다는 것이다.

왜 사용 기한을 두었을까? 제한 시간은 '희소성의 원리'에 따른 것으로, 인간의 욕망은 무한하지만 이를 충족할 시간과 돈이 없기 때문에 욕망을 해결하지 못하는 상황을 강조하여 소비를 유도한다. 예를 들면 이렇다. 여기 두 가지 쿠폰이 있다. 둘 중 하나의 쿠폰을 선택한다고 가정했을 때, 사람은 어떤 쿠폰을 선택할까?

    A : 1만 원 쿠폰 : 만료 기한 없음

    B : 1만 원 쿠폰 : 오늘 만료

두 가지 중 하나를 선택해 소비해야 한다고 했을 때 대부분의 사람이 B를 선택했다. 혜택이 똑같음에도 불구하고 B를 선택한 이유는 '오늘까지 만료', 즉 제한 시간이 있기 때문이다. B라는 화폐쿠폰의 가치가 다음 날 소멸하기 때문에 우선적으로 사용하기 위해서이다. 그리고 사람은 자신이 받은 화폐의 가치가 내일 사라진다고 하면 이것을 사용하여 효용을 얻으려고 하는 심리로 인해 당장 소비를 하게 된다. 멤버십 포인트에 제한 시간을 두는 가장 큰 이유는 바로 이러한 부분에 있다. 언제든 사용하는 것이 아니라 특정 시기에 사용하도록 유도하는 것이다.

멤버십 포인트는 이처럼 인간의 다양한 심리를 활용하여 포인트를 사용하도록 유도하는 특성이 있다. 기업이 멤버십 포인트를 통해 고객들에게 제공하는 이유는 멤버십 가입자에게 제품을 싸게 살 수 있도록 하는 혜택을 주기 위한 측면도 있지만, 소비할 때 부담을 덜어 줌으로써 해당 제품을 더 소비하도록 유도하는 소비 촉매제의 기능이 더 크다. 만약 당신이 어느 매장에 가서 4천 500원짜리 제품을 무료로 얻었다면, 그것만 얻은 채 그냥 갈 수도 있지만 다른 제품을 주문할 가능성이 높다. 여기엔 두 가지 이유가 있다. 어차피 온 이상 여기서 더 사고 가자라는 심리, 얼마의 돈을 아꼈으니 다른 부분에 더 투자해도 괜찮을 거라는 심리가 사라에게 내재되어 있기 때문이다. 결국 인센티브를 통해 또 다른 소비를 유도하는 것이 멤버십 포인트가 추구하는 궁극적 목표이다.

기업은 우리에게 무작정 혜택을 줄 만큼 착하지 않다는 점을 꼭 기억하자. 멤버십을 통해 다양한 혜택을 받는 부분을 이용한다면 효과적인 소비를 할 수 있다. 하지만 이 혜택의 근본과 본질적인 정신이 어디에 있는지 깨닫는다면, 당신의 소비는 조금 더 합리적으로 변할 수 있다.

편의점에 산 멍청한 경제학자

초판 1쇄 발행 · 2019년 4월 10일

지은이 · 고석균
펴낸이 · 김동하
책임편집 · 김원희

펴낸곳 · 책들의정원
출판신고 · 2015년 1월 14일 제2016-000120호
주소 · (03955) 서울시 마포구 방울내로9안길 32, 2층(망원동)
문의 · (070) 7853-8600
팩스 · (02) 6020-8601
이메일 · books-garden1@naver.com
블로그 · books-garden1.blog.me

ISBN 979-11-6416-011-2 (03320)